JN258181

犀の角のようにただ独り歩め

——「スッタニパータ」

ブラック・デモクラシー

晶文社

デザイン　アジール（佐藤直樹＋遠藤幸）

はじめに

藤井 聡

多くの現代人は、デモクラシー＝民主主義といえば、まずは「善いもの」であって、「悪いもの」とは思っていない。

たしかに、「自分たちの事を自分たちで決める」デモクラシーは、「自分たちにとってふさわしいものを選び取る」傾向があるやに思える。

しかし、自分で決めることと、良い結果になることとは、全く別だ。人に決めてもらった方が良い結果になることなど掃いて捨てるほどある。とりわけ「安保」や「統治機構」といった高度に複雑な問題なら、素人が判断するよりも、（善意ある）玄人に決めてもらう方がいいに決まっている。そんな問題に無理矢理デモクラシーを持ち込めば、安保や統治が素人判断されてしまう。何とも危なっかしい話だ。

とはいえ、必ずしも良い結果に結びつかずとも、「自分たちの事は、自分たちで決める」

デモクラシーでは、最終的な納得感、満足感が高まるようにも思える。

しかし、現実はそうではない。デモクラシーは、大いなる不満を生み出し続けている。

例えば、平成二七年の夏から秋にかけて、安倍内閣が進める「安保法制」は、国会での多数決のプロセスを経て「可決」されたが、これに対して大きな国民的不満が捲き起こっている。一方、同年五月には、大阪維新の会の橋下徹市長が推進する「大阪都構想」についての住民投票が行われ、「否決」されたが、その際の賛否の票数はほぼ拮抗した。だから都構想の推進派の多くの人々は大いに不満を抱いている。

つまり、デモクラシーによる不満の最小化なぞ、単なる幻想に過ぎないのだ。むしろ、一人ひとりに意見を問う事でかえって対立を生み出し、不満を増長させてしまっているのが実態だ。例えば「都構想」の住民投票はまさに、賛成派と反対派とで市民を分断し、不満を激増させてしまったのだ。

こう考えれば、デモクラシー=民主主義が無条件に「善いもの」である論拠など、ほとんど無いのであって、そんな言説は単なる「デマ」に過ぎないのだ。

本書はまさに丸々一冊、こうしたデモクラシーをめぐるこの「デマ」を、筆者を含めた五人の論者から様々な角度から暴き立て、デモクラシーが如何に危険なものであるのか、つまり〝ブラック〟なものになる得るかを徹底的に論ずる。

まず藤井からは、デモクラシーがニヒリズム（虚無主義）と結託することで多数決至上主義を産み出し、それを通してそれが「ブラック・デモクラシー」と化すという構造が明らかにされる。そして、橋下維新による大阪での都構想を中心とした維新政治こそがブラック・デモクラシーの典型であることが、橋下氏による数々の言論弾圧、口汚い誹謗中傷や名誉棄損、そして、ウソと詭弁の実例等を例示しつつ、検証される。続く適菜氏はこの問題をさらに詳しく紹介し、橋下氏が都構想の住民投票において凄まじい嘘と詭弁を繰り返した様を克明に描写している。そして、この都構想こそが、「戦後最大の詐欺」に他ならないという実態を明らかにしている。

一方で中野氏は、民主主義の暴走は必ず「自由」を抑圧するという実態を詳らかにしている。「多数決」で敗れた人々は容易く封殺されてしまうからだ。そしてそんな危険は、民主主義が誕生した近代ヨーロッパで繰り返し論じられてきたことが薬師院氏によって明らかにされる。民主主義、とりわけ多数決の暴走を食い止めるために、民衆が政策を判断するのではなく、適切な判断力ある者が政策判断を行うという間接民主制が（貴族制の拡張として）導入されたのである。さらにはそれを支えるには、「多様性」を確保しながら「統合」を果たさんとする「共同体」が存在することが不可欠である旨が明らかにされる。このことは、湯浅氏と中野氏との対談の中でも、現代的文脈を踏まえつつ、改めて強調されている。

――読者は以上の五名の論述を通して、論理的にも、歴史的にも、そして、実証的にも、デモクラシーなるものは、如何に容易く真っ黒なおぞましき「ブラック・デモクラシー」と化してしまうかを、深く理解することになるだろう。というよりもむしろ現代においては、主たる政治問題の多くで採用されるデモクラシーは、おおよそ「ブラック」なものに成り下がっているのだという実態をありありと認識することとなるだろう。

とはいえ、「デモクラシーといえば善きものだ」というデマは、そう容易く姿を消すことはなかろう。なぜならブラック・デモクラシーの立役者達は皆、デモクラシーといえば善きものだというデマを流布させることができればできるほどに、自らが望むものを政治的に容易く手に入れる（すなわち、だまし取る）ことができるようになるからだ。

だからこそ少なくとも本書の読者だけは、そうしたデマを見抜き、デモクラシーを軽信する態度を回避するどころか、デモクラシーと言えば基本的にブラックなものに転落しうるのだとまっとうに正しく警戒する精神を持たれんことを、心から祈念したい。そういう者が一人でも増えることだけが、ブラック・デモクラシーをこの世から駆逐する唯一最善の道なのである。

ブラック・デモクラシー　目次

はじめに　藤井聡 005

ブラック・デモクラシーの構造　藤井聡

国家を破滅させるデモクラシーへの「過剰信頼」 019
いじめを産み出すデモクラシー 021
悪を正当化するデモクラシー 022
多数決という「いじめ」 023
ブラック・デモクラシーの四要素 026
「橋下維新」というブラック・デモクラシー 030
「事実」に対する直接的な「言論封殺」 032
京都大学総長、ならびに、国会を通した圧力 038
TV局に対する直接的な圧力 042
見て見ぬふりをするメディア界 047

橋下維新によるプロパガンダ――050
橋下氏による「多数決崇拝」の態度――055
「多数決崇拝」を支えるニヒリズム（虚無主義）――058
ブラック・デモクラシーを終わらせるために――060

潜入ルポ　これぞ戦後最大の詐欺である　適菜収

大阪でなにが発生していたのか？――069
いざ大阪――070
催眠商法の手口――074
すべてはご都合主義――079
詐欺パネルの数々――081
問題はなにも解決していない――092

どうすれば民主政治から自由を守れるのか　中野剛志

民主政治が生む独裁　097
自由民主政治とは何か　099
進歩主義という病　104
シルバー・デモクラシーの意義　108
対案を出せ？　110
小林秀雄の洞察　116
大衆は自由が嫌いだ　120
独裁を防ぐ多元主義　123
地域振興会の意義　127
議論とは何か　132
「無記」という虚無主義　137
「不記」という実践主義　140

民主主義を建て直すということ　湯浅誠×中野剛志

一見真逆の立場から ── 149
消費者感覚の民主主義から脱するために ── 150
どちらが役立つ？　ＮＰＯと古い中間団体 ── 152
なぜ狡猾なネオリベに取り込まれてしまうのか？ ── 156
求心性と多様性をどう両立させるのか？ ── 159
民主主義の深みはどこから生まれるのか？ ── 162

ブラック・デモクラシーと一筋の光明　薬師院仁志

はじめに ── 169
一．大阪二〇一〇年代 ── 170
二．民主主義とは何か ── 180

三．間接民主主義とは何か 189
四．選挙は新商品への買い替えではない 194
五．議員定数削減という要求の矛盾 198
六．権力分立と首長制度 204
七．住民投票とポピュリズム 211
八．ブラック・デモクラシーの挫折 219
おわりに 223

おわりに　中野剛志 225

ブラック・デモクラシー

ブラック・デモクラシーの構造

——橋下維新のテロルを読み解く

藤井聡

藤井聡（ふじい・さとし）
1968年、奈良県生まれ。京都大学大学院工学研究科教授（都市社会工学専攻）。京都大学土木工学科卒、同大学院土木工学専攻修了後、同大学助教授、東京工業大学助教授、教授、イエテボリ大学心理学科客員研究員等を経て、09年より現職。また、11年より京都大学レジリエンス研究ユニット長、ならびに第二次安倍内閣・内閣官房参与（防災減災ニューディール担当）。文部科学大臣表彰、日本学術振興会賞等、受賞多数。専門は、公共政策に関わる実践的人文社会科学全般。著書に、『大衆社会の処方箋　実学としての社会哲学』（北樹出版）、『社会的ジレンマの処方箋　都市・交通・環境問題のための心理学』（ナカニシヤ出版）、『大阪都構想が日本を破壊する』（文春新書）、『〈凡庸〉という悪魔』（晶文社）、『超インフラ論』（ＰＨＰ新書）、適菜収との共著『デモクラシーの毒』（新潮社）など。

国家を破滅させるデモクラシーへの「過剰信頼」

デモクラシーとは、民衆による政治、である。

もしも民衆が十分に良識的で理性的なら、そのデモクラシーは彼らをどんどん幸福に導いていく。それは良識と理性ある人物なら、自分自身の人生を自分自身で決めていくことでどんどん幸福になっていくのと同じ事だ。

それはいわば「**ホワイト・デモクラシー**」だ。

しかし、もしも民衆に十分な良識が無かったとするなら――そのデモクラシーは彼らを不幸の泥沼へと誘い、ずぶずぶと不幸せな人生に陥れていく。それは、何の良識も見識も理性も持たない人々が好き勝手な人生を歩めば歩むほどに早晩自分自身を傷つけ、不幸な人生を歩み続けることとなるのと同じだ。

これこそ、「**ブラック・デモクラシー**」だ。

こう考えれば、デモクラシーにホワイトとブラックの二種類があり得ることなど、当たり前のこととしか言いようがない。

ところがわが国には、デモクラシー＝民主主義といえば、掛け値無しにとにかく善いものなのだ、という思い込みが浸透してしまっている。「どこかで勝手に選ばれた専制的な暴君」

よりも「自分たちで選んだリーダー」にやってもらう政治の方が、自分たちにとって悪いことは少なく、良いことをたくさんしてくれるに違いない、と素朴に思い込んでいる。つまり、今の多くの現代人にとってみれば、デモクラシーといえばそれは即「ホワイト」であって、ブラックなものが存在していることなど、ついぞ考えたことなどないのである。

こんな「勘違い」をしていても、問題が起こらないのならそれはそれで構わない。が、無論、そうは問屋が卸さない。

毒にも薬にもなるモノを、「この薬は万能だ！」と信用してしまった人物がどうなるか考えてみればよい。

その薬が「毒」にしかならぬ状況ですら、その人物はおマヌケにもそれを服用し続ける。そしてさらに惨いことに、それを服用して体調を悪化させればさせるほど、その「毒」をさらに過激に服用し続け、加速度的に体調を悪化させていく。

そんな愚か者に訪れるのは「死」しかない。

つまり、デモクラシーにはホワイトなモノしかないと思い込んでしまった人物、あるいは、社会や国家が迎える末路は、その愚かな思い込みによって痛め続けられ、結果「死」を迎える他に何もないのである。

いじめを産み出すデモクラシー

以上の説明だけで、デモクラシーの恐ろしさをおおよそご理解いただけたのではないかと思う。しかし、その説明は幾分、抽象的に過ぎるかもしれない。

ただし、デモクラシーの恐ろしさを直接指し示す事例など、この世にいくらでもある。その最たる例が、学校などで横行している「いじめ」だ。

「いじめ」という現象は、クラスの大多数が、何となく決められた「いじめられる人物」をさしたる理由もなくいじめ続ける、というものだ。そして、いじめが続けられれば続けられる程にいじめそのものが既成事実化し、いじめてもかまわないという空気が濃密になり、いじめそのものが「正当化」されていく。

無論、それに反対する人物もいるにはいるだろう。いじめられている本人はもちろんのこと、彼をかばう人がいることもあるだろう。しかし、大多数はいじめて何が悪い、当たり前じゃないかと認識しているのが、いじめ現象のいじめ現象たる所以だ。

つまり**いじめという現象は、多数決に純粋に従う、いたって「民主的」な現象なのである！** だから、デモクラシーが善いと何の疑問もなく思い込んでいる人々がいじめに荷担し出すようになるのは、実を言うと至極当然のことなのである。

悪を正当化するデモクラシー

そもそも、民衆の政治、デモクラシーは、いとも容易《たやす》く「多数の横暴」に結びつく。なぜなら、民衆による政治において、多様な意見がある場合、最も簡単に「決着」をつける方法は「多数決」を採用することだからだ。

もちろん、民衆の政治において多様な意見があれば、全員が納得がいくまで何時間も、何日間も議論を重ね、いかなる「筋」があり得るのかを思案し続けながら、つまり、一体何が「正義」なのかを考えながら、落としどころ＝結論を探り続ける、というアプローチがあるにはある。古い日本では、そうした徹底的な話し合いが、そこかしこの村落で重ねられてきたことが、例えば、宮本常一の『忘れられた日本人』などで詳細に示されている。

ところが、そんな手間暇のかかるプロセスを「**熟議**のプロセス」と呼ぶなら、その熟議のプロセスをすっとばすことだって、もちろん可能なのだ。

とりわけ、世間の人々の規範意識、ルール意識が希薄化し、「なんでもあり」の社会になればなるほど（一般に、そうした無秩序状況は「アノミー」状況と言われる）、筋だの正義だのに気を遣いながら議論を重ねるなぞという面倒なことは避けられるようになっていく。

そうやって熟議のプロセスがすっ飛ばされていけば、後に残されるのは、もうむき出しの「多数決」の論理だけとなっていく。

言うまでもなく、多数決では、筋がどうとか何が正しいとかは何も関係ない。それが間違っていようが「悪」であろうが、ただ、支持する人の頭数が多いか少ないかだけが問題とされていく。

これこそ、デモクラシーが「悪」を生み出すメカニズムなのである。

議論が排除され、デモクラシーが多数決と一致したものとみなされた時、そこに「悪」がデモクラシーのプロセスを経て「正当化」されるチャンスを得る。

ブラック・デモクラシーとは、多数決を金科玉条とするデモクラシーなのである。

そして、今全国でいじめが横行するようになった背景にあるものこそ、この多数決を金科玉条とするブラック・デモクラシーの横行なのである。

多数決という「いじめ」

そんなブラック・デモクラシーでは、「多数決で選ばれなかった」意見やそれを主張していた人々は、残念ながら「悲壮な末路」をたどる。

「多数決」と言えば、なにやらいかめしく聞こえてくるが、その原理が適用される場面は、日常に満ち満ちている。友達内で昼食にどこにいくか、旅行にいくかどうか等、複数で何かを決める際、我々は頻繁に「多数決」を採用している。

無論、他愛も無い事なら、自身が少数派となり、他人の意見に従ったところで、別にさして被害があるわけではない。しかし、利害が対立するケースで多数決が採用されれば、少数派になることそれ自身が命取りになってしまう。

その最たる例が、「いじめ」だ。

一旦いじめの対象にされてしまえば、その生徒のスクールライフは真っ暗だ。

ただし、この「いじめ」の構造は、何も学校のクラスだけで生ずるものではない。人間集団があるところでは、普遍的に見られる現象であって、クラブでもサークルでも、職場でも、隣近所でも、公園のママ友の間でも、どこにでも生じうる。

より大きなスケールでは、様々な「バッシング」と呼ばれる現象は、社会全体を巻き込んだ「いじめ」現象だ。

インターネットにおける「炎上」を伴うような個人たたきは、いじめの構造を孕むものであるし、様々な「風評被害」もまた、いじめの構造を持つ。

それは特定の「職業」や「集団」に向かうときもある。建設業に対するバッシングはここ数十年続けられているし、ここ最近では、「公務員バッシング」も様々な形で進行している。大阪では、橋下徹市長自身による職員（＝公務員）たたきに端を発する形で、大阪市役所の職員がバッシングされる事態も生じている。あるいは、民主党政権下で繰り返された「事業仕分け」もまた、個々の業界をつるし上げ、それをよってたかってバッシングする、というものだった。

これらの「いじめ」はいずれも、圧倒的多数の「憂さ晴らし」のために、任意に一人、ないしは一部の人々、集団が「いじめ」の対象に選ばれ、よってたかって誹謗中傷や嫌がらせが繰り返される、というものである。

彼らがいじめを続けるにあたって、さしたる根拠があるわけでは無い。そこにある根拠と呼べそうなものは、「他のみんながいじめているから」というものの他に何もない。いわばそれは、**空気**の話なのである。

この空気の正体とは何かといえば、漠然とした「**みんな**」である。

そして、その漠然とした「みんな」に、判断の基準を求めるという姿勢こそ、「多数決の原理」そのものである。

だから、「多数決の原理」という思想が世間に敷衍すればするほどに、この世にいじめがますますはびこるようになるのも必然なのである。

「いじめ」とは多数決における「多数の横暴」のなれの果てだったわけであり、**いじめられるものの苦しみは「少数意見の切り捨て」の必然的帰結**だったのである。

ブラック・デモクラシーの四要素

ここで「多数決」は、「邪悪な者」にとっては、好都合な原理であった、という点を思い起こしてみよう。

そもそも「邪悪な者」には通常、政治的な正当性は付与されることはない。議論をしたとしても、その議論が適正であればあるほどに、彼の邪悪さは白日の下に晒され、政治闘争の現場から敗れ去っていくほかないからである。

ところが、デモクラシー政体の国家で「まっとうな議論」を封殺することに成功すれば、後に残されるのは「多数決」だけということになる。そうなれば、多数さえ押さえれば、「悪」に政治的正当性を付与し、政治のど真ん中に君臨することが可能となるわけである。

だから、「まっとうな熟議に耐え得ない意見を持つ者」（つまり、邪悪な者）は、何よりもまず、「多数決」こそが崇高なるものなのだと主張しつつ、あらゆるまっとうな議論を封殺しにかかることとなる。さもなければ、彼の意見が如何にレベルが低く、稚拙で、嘘にまみれたものかが、一瞬にしてばれてしまうからである。そして彼はもちろん、それと同時に、彼の邪説に賛同者が増える事を狙い、あらゆる心理操作を駆使した「プロパガンダ」を展開しつくしていく。

一方で、「まっとうな熟議に耐えうる意見を持つ者」(つまり、まっとうな者)は、多数決以前に、正々堂々と議論を重ねようと考える。当然、プロパガンダの必要性なども考えない。そして彼は純粋な議論を通して、可能な限り全員一致となることを目指す。ただし、十二分な熟議を経てもなお、決着がつかぬ場合に限って、致し方無く、多数決を採択することとなるのである。

ところで、「まっとうな熟議」を封殺するには、次の二つの方法がある。

一つは、徹頭徹尾、「詭弁を弄する」という方法である。ここにいう詭弁とは、一見、議論のように見せかけて、ただただ相手が「負け」、こちらが「勝つ」という「雰囲気」を醸し出すことだけを狙った「議論にあらざる見せかけの議論」である。例えば、

① 話をすり替えたり、
② 相手が言ってもいないことを「言っている」と強弁してその内容に対して批判し出したり、

③　根拠も示さずにただ自説が正しいと声高に断定し続けたり、
④　逆に根拠も示さずに相手が「間違っている」「デマだ」と強弁する、

等、その方法には様々なタイプがあるが、いずれも、議論を通して何かを産み出そうとする協力的姿勢が完全に欠落している点が、その特徴だ。

第二に、意見を言う者に、あらゆるタイプの嫌がらせを浴びせかけたり、何らかの政治権力を使って政治的・社会的に口を封じようと画策する、いわゆる、ストレートな「権力に基づく言論封殺」である。

つまり以上まとめると、以下の四つの振る舞いを忠実に繰り返していれば、そのデモクラシーを真っ黒なものに仕立て上げ、邪悪なものであろうと何であろうと政治的正当性を付与することに成功することになる。

①　**多数決崇拝**：多数決の結果こそ崇高なるものだと主張する。
②　**詭弁**：弁証法的議論の全てを遠ざけ、ひたすらに「詭弁」を弄し、「真実」に基づく批判を無力化し、封殺する（したがって、これもまた「言論封殺」の一種である）。
②　**言論封殺**：あらゆる権力を駆使して「言論封殺」を図る。

④ **プロパガンダ**：あらゆる心理操作を駆使して、自説への賛成を増やすための嘘にまみれたプロパガンダを徹底展開する。

この四要素はいわばブラック・デモクラシーの四要素である。

逆に言うなら、この四つを繰り返している者がいたとすれば、彼は、ブラック・デモクラシーの力を借りて自身の邪説に政治的正当性を付与しようと画策している輩と考えざるを得ない。何の正当性もない邪説が正しいと「詭弁」を弄しまくり、それを批判する者に対して徹底的な「言論封殺」を仕掛けると同時に、自説を信じさせる「プロパガンダ」を徹底展開し、最終的に「多数決」に持ち込めば、彼に騙された大衆の支持の下、彼の邪説は圧倒的な政治的正当性を得ることができるようになるのである。そして言うまでもなく、それに成功した人物は政治的権限を掌握することが可能となるのである。

こうしたブラック・デモクラシーは、別の角度から見れば「**全体主義**」に相違ない。

全体主義とは、「とにかく全体に従うべし」という考え方、および社会現象を意味するものであり、何百万人というユダヤ人に対して徹底的な弾圧を図り、ヨーロッパ全土を支配するための侵略を繰り返した第二次大戦時のナチス・ドイツの政治社会状況がその典型例だ。つまり民主主義は、邪悪なものに活用された途端、恐ろしき全体主義を生じさせる装置へと化すのである。そもそも、ヒトラーは、世界で最も民主的と言われたワイマール憲法下で台頭した独裁者なのだ。

民主主義こそ全体主義の母なのであり、全体主義こそがブラック・デモクラシーの別称なのである。

「橋下維新」というブラック・デモクラシー

今日のミクロな世界のブラック・デモクラシー（＝全体主義）の代表例が、学校のクラスのいじめであることは、既に指摘した通りである。逆に、マクロな政治、社会、メディアを巻き込んだ今日のメジャー世界のブラック・デモクラシーの代表例こそ、大阪で繰り広げられている「橋下維新」現象である。

ここに「橋下維新」とは、弁護士でありテレビタレントであった橋下徹氏が平成二〇年から大阪府知事、大阪市長を歴任する傍ら、彼が中心となって立ち上げた地方政党「大阪維新の会」、国政政党「日本維新の会」「維新の党」などの政治勢力と、橋下氏個人の複合体を意味する。

「橋下維新」は、本書執筆時点では、国政政党「維新の党」から離党する予定となっており、少々複雑な様相を呈しているが、橋下氏に近い国会議員等と国政政党「おおさか維新の会」を立ち上げる予定となっている（本書出版時には既に結党されている予定である）。したがって、「橋下維新」は現在においてすら、多数の地方議員と国会議員を抱え、かつ、大阪市長、大阪府知事をはじめとした多数の首長を抱える大阪を中心とする一大政治勢力なのである。昨今の安保法制を巡っては、この「橋下維新」の動向が、重要なキャスティングボードの一つを担い得る可能性があると、日々、新聞やテレビメディアを賑わせている。

したがって、この「橋下維新」が今日の「ブラック・デモクラシー」（つまり、全体主義）の典型だという主張に対して、橋下氏、維新関係者から激しい反発が生ずることは間違いない。同時に、それだけの首長、議員の背後にはそれを支持する多数の国民、住民が存在していることから、そうした一般大衆からの強い反発があることも間違いない。

しかしそれもまた、「橋下維新」が（全体主義の別称である）ブラック・デモクラシーの典型例である証左の一つである。なぜなら仮に、筆者の「橋下維新がブラック・デモクラシーの典型だ」という言説が「真」、であったとするなら、ブラック・デモクラシーを進めようとする邪悪な勢力は、彼らを支持する大衆の熱狂も活用しながら必ずその「真実」を「封殺」しにかかってくるからだ。言論封殺こそ、ブラック・デモクラシーの基本四要素の一つであることは先に示した通りだ。

ついてはここでは、彼等が如何に「ブラック」な民主主義者であり、橋下維新が「ブラック」な政治勢力であるのかについて、先に指摘したブラック・デモクラシーの四要素の一つ一つを確認しつつ、検証していきたいと思う。[*1] 無論、その証拠をどのように解釈し、それに基づいてどう判断するのかは読者の自由である。しかし、橋下維新のシンパ、批判者を問わず、以下に示す事実は客観的な事実としか言い得ぬものなのだという点については、ここで改めて強調しておきたいと思う。

「事実」に対する直接的な「言論封殺」

平成二七年一月一三日、大阪市を解体、再編するいわゆる「大阪都構想」(以下、「都構想」と略称)についての住民投票が、同年五月一七日に行われることが決せられた。

この決定を受け、有権者に適正な情報を提供することを企図し、京都大学の藤井聡教授(本稿筆者だが、本稿の記述の客観性を担保すべく、藤井氏と呼称する)は、購読者三万人弱の小さなネットメディア(新日本経済新聞)にて、『大阪都構想：知っていてほしい7つの事実』なる短いコラムを平成二七年一月二七日に公表した。

その記事の論調は至って淡々としたものだった。そもそもこの記事は、「賛否はさておき、

（投票）判断に向けて大切な、いくつかの『事実』の情報を提供したい」と明記されている通り、「都構想」を頭ごなしに否定するようなものではなく、都構想に関する客観的な事実情報を解説するものだった。

しかしそれにも関わらず、この記事が公表された当日の夕刻から、橋下大阪市長のツイッター上での、次のような激しい罵倒、誹謗中傷が藤井氏に浴びせかけられるようになる。

「**バカな学者**の典型です。学長になって初めて大阪都構想の意味が分かるでしょう」

「まあ**まともな学者は相手にしていません**。皆、分かっていますよ。**政治、行政の世界でも相手にされていません**」

「藤井氏は大阪都構想の設計図を全く読んでいないのでしょう。**バカですから**」

「**おバカなことをおっしゃる非礼極まりないお世間お知らずのお学者様**には言えないな〜」

「藤井氏という学者は、…（中略）…**とんでもない嘘八百を言っている…**」

「**内閣参与のバカ学者**は、**大阪都構想の制度設計図を何も読んでいません**」

＊1　検証の際に用いた各種データや資料は、サトシフジイドットコム http://satoshi-fujii.com/ に掲載しているので、そちらを参照されたい。

「大阪都構想について…（中略）…文句を言っているのは橋下反対、維新反対の結論ありきの行財政に**門外漢のバカ学者**」
「大阪都構想について**事実誤認の虚偽事実を内閣参与の肩書を持ちながら公言**していた…」

つまり、橋下市長は藤井氏の「7つの事実」の指摘について「とんでもない嘘八百」と断じ、藤井氏が「事実誤認の虚偽事実を内閣参与の肩書を持ちながら公言」していると強く非難した上で、「バカな学者の典型」「バカだね」「内閣参与のバカ学者」「門外漢のバカ学者」という明確な名誉毀損を行い、「まともな学者は相手にしていません」「政治、行政の世界でも相手にされていません」「学長にでもなって組織を動かすしんどさを経験してから同じ土俵で議論してやるよ」「大阪都構想の制度設計図を何も読んでいません」という激しい誹謗中傷を繰り返したわけである。

これらはいずれも「約一三七万人」のフォロアーがいる橋下市長のツイッター上での発言であったが、これに加えて、大阪市役所における定例の記者会見の席上でも藤井氏に対する同様の誹謗中傷と名誉毀損（コチンピラなど）を繰り返していった。その様子は連日、新聞紙上で取り上げられていったのだが、これらを契機として藤井氏の大学のオフィスには、抗議の電話やはがき、手紙が殺到し、一時、大学事務はその対応のために通常の業務ができない状況に追い込まれた。

橋下市長はこうした藤井氏への誹謗中傷をネットと記者会見上で繰り返すと同時に、彼が代表を務める地域政党「大阪維新の会」に、藤井氏に対して「間違った情報を示し、誤解を与えている」ことについて激しく抗議すると共に、彼自身と「公開討論」をする事を申し入れる文書を送付することを指示した。そして、図1に示した書簡が、藤井氏の手元に二月二日に届けられた。

これと並行して、橋下市長は、ツイッターと記者会見の席上にて、二年以上前に藤井氏が公権力者橋下市長の政治家としての資質を諷刺したインターネット動画を突然持ち出して激しく非難、藤井氏が勤務する京都大学総長に藤井氏の大学教員としての資質を問いただすと共に、国会の場にてその京都大学の大学運営を所管する国務大臣（文科大臣）に、同じく藤井の大学教員としての資質を問いただすと宣言した（なお、当該の動画については、藤井氏はこの一連の騒動の中で、「国民国家の命運を分ける政治家に対してはその資質も含めて批評されるべきであるのは民主国家の当然の前提である」との声明文を公表している）。

橋下市長はこうした藤井氏への徹底的な非難、誹謗中傷を重ねる一方で、藤井氏の発言が虚偽であることの「理性的根拠」を一貫して示してはいなかった。彼は根拠を示さずにただ

公開討論会の申し入れ

平成27年1月吉日

藤井聡　様

大阪維新の会　幹事長　松井一郎

貴殿は各種講演会やSNSなどのWEB上で、我々が提唱する大阪都構想に対し徹底して批判されています。しかし市民に対し間違った情報を示し、誤解を与えている事には憤りを感じ、間違った情報を発信される事に強く抗議するものであります。

とはいえ、我々としてはこの機会に市民の皆様に反対賛成を問わず住民投票に向け、貴殿と我々との主張を闘わせることで、大阪市民に公正な判断の機会を有権者にお示し出来ると考え、以下の通り強く申し入れます。

今回の申し入れに対する返答はお手数をおかけいたしますが、2月10日までに下記連絡先まで文書をもって回答をお願いします。

なお、本申し入れ書は封書とe-mailにてご連絡を差し上げるとともに各メディアにも送付したうえで大阪維新の会WEBページにて公開いたします事を申し添えます。

申入れ事項

大阪都構想に反対する貴殿と我々の政治団体の代表者が参加しての各メディアにも完全公開する公開討論会を2月中に開催するよう申し入れます。

そのための協議をよろしくお願いいたします。

当方よりご連絡申し上げます。

図1　2月2日付で大阪維新の会から藤井に送付されてきた抗議と公開討論申し入れのための書簡

ただ「藤井はウソ八百を言っている」と繰り返した。藤井氏はこうした状況下では、橋下市長とまともで理性的な討論が成立する見込みは皆無であると判断し、維新側からの公開討論の申し入れの拒否を宣言した（平成二七年二月七日）。

なお、この拒否を受けて橋下市長と彼のシンパ達は（藤井氏が上記宣言文上で予告していた通り）「逃げた逃げた」と罵倒する発言を継続していったのは言うまでもない。

ところで橋下氏は、自身に対する批判者に対しては、常に「公開討論」を申し入れるという方法をしばしば使用してきた。[*2] 申し入れられた人物はそれを拒否すれば、「逃げた」と誹謗中傷されるし、仮にそれを受けたとしても、橋下氏があらゆるウソとごまかし、そして詭弁を駆使して否定してみせさえすれば、その批判がどれだけ適正なものであろうと、その批判が否定される印象が残され、その印象に基づいて再び強くバッシングされることとなる。

つまり、橋下氏からの「公開討論申し入れ」は、それ自身が「嫌がらせ」の機能を果たすものに他ならぬのであり、したがって、多くの論者は、仮に橋下氏を批判する者であっても、罵倒されながら公開討論を申し込まれかねない「橋下氏への批判」を公言することを憚るよ

＊2　これまで、橋下氏から公開討論（あるいは、テレビ討論）を申し入れられてきたのは、村上弘立命館大学教授、中島岳志北海道大学准教授、山口二郎北海道大学教授（当時）、元民主党大畠章宏幹事長、平松邦夫元大阪市長らであった。

うになってしまうのである。つまり、それ自体が**強力な「言論封殺」行為**なのである。

このように、橋下維新は、藤井氏による客観的な「7つの事実」の言論活動を徹底的に封じにかかるために、ツイッター、ならびに、その百万人以上のフォロアーの方々を中心とした橋下維新シンパからの嫌がらせ、根拠を示さずに藤井氏の言論は間違っていると強弁する詭弁、そんな詭弁とケンカを前提とした討論申し入れといったあらゆる手段を講じたわけである。これこそ、ブラック・デモクラシーが成立する四要素のうちの「詭弁」「言論封殺」の二要素に寸分も違いなく該当しているのである。

京都大学総長、ならびに、国会を通した圧力

さて橋下維新側は以上に加えて、記者会見での宣言通り、藤井氏の言動が国税が投入されている国立大学教員として不適切であると断定した上で、その旨を言明しつつ、京都大学の総長に藤井氏の国立大学の教員としての資質についての見解を問う書簡を、「維新の党」の松野幹事長名義で送付している（図2参照　平成二七年二月六日付）。橋下市長は、これを送付した直後の記者会見で、「総長となれば『ははーっ』となる」と発言し、この文書を送ることで上司＝総長からの圧力で藤井氏が黙るようになるだろうという予期を持っていた事を示

京都大学総長
　山極壽一　様

貴大学は、その運営にあたり国民の税金を原資とする約５３０億円の交付金を受けて大学を運営している。

貴大学に所属する藤井教授は、現大阪市長、大阪維新の会代表、維新の党元共同代表の橋下徹について添付DVDの通りの発言を公にしている。

大学教授が、政治を語り、政治家を厳しく批判し、論評することは、健全な民主主義の政治体制を維持する根幹であることは承知している。

しかし、添付DVDのような藤井教授の発言は、批判や論評の範囲ではない。選挙を通じて有権者に選出され、大阪市民の代表となっている公選職、および政党の代表に対して、国民の税金で運営されている大学に所属する藤井教授の本件発言は不適切である。

この藤井教授の橋下徹に対する発言は批判、論評の範囲と考えるのか、国民の税金で研究活動を託される人物として適当なのか貴大学の考えを述べられたい。

貴大学が適切な回答をすることなく、また適切な判断の下にしかるべき対応をしない場合には、国会の場で本件問題を確認させて頂く。

貴大学は国民の税金で運営されていることを肝に銘じて頂きたい。

なお、本文書到着後１０日以内に文書による回答を求める。

平成２７年２月６日

維新の党　幹事長　松野頼久

図2　2月6日付で維新の党から京都大学総長宛に送付されてきた書簡

唆している。つまりこの文書は、藤井氏を黙らせる圧力をかけるために送付されたと考えざるを得ないのである。

ただしその後、その書簡に対して総長から「職務外での個人の表現活動」であり「見解の表明は控える」という（至ってあっさりとした）回答が寄せられたのだが、その事に対して橋下氏は不服として、京都大学それ自身を「勘違いしている」（引用）と断定、「ライフワークで既得権益者として位置づけ…しっかり正していく」（引用）と宣言している。*3

そして事実、同年三月一〇日には、橋下氏が最高顧問を勤めている国政政党「維新の党」の足立康史議員が、衆議院予算委員会の場で、下村文部科学大臣をはじめとした文部科学省関係者に「京都大学の藤井氏についての使用者責任」を糾弾する国会質問を行っている。この時、政府側は、京都大学と同様、職務外の発言活動であるとの認識を表明する答弁を行っている。

言うまでもなく、政府の文科省・文科大臣は京都大学を所管する役所であり「上司」であることから、これもまた、上司を通した下部組織への圧力行為と言わざるを得ない。

さらに言うまでもなく、この国会答弁にて、例えば大臣が維新関係者であるケースなどを想定すれば、答弁如何によって藤井氏が失職する可能性が存在していたことは間違いない。

ただし、橋下維新が、国会を通して藤井氏に対して言論封殺を図ったのは、文科大臣に対する質疑を通してだけではない。

藤井氏が、インターネット雑誌上の『「都構想」で大阪はダメになる』という原稿で、都構想が実現すれば大阪の都市計画が停滞し、それを通して大阪の衰退は決定的になるであろうという学術的見解を公表したところ、これに対して、先と同じく足立康史衆議院議員が、藤井の説は「デマだ!」と断じ、国会で国土交通大臣、ならびに、都市計画を所管している国土交通省の担当課長に対して、藤井氏のその原稿がデマであるか否かの見解を問いただしている。なお、この足立氏による「デマだ!」との主張にはもちろん、明確な根拠は不在であり、藤井氏が大阪が衰退すると論じている論理の大半について言及していないどころか、言ってもいない事を言ったと断じ、それを批判するという、典型的な「詭弁」であった。

なお、この際に国交省からは、学者の意見であり、政府としてその内容の是非を論ずることはできないという趣旨の答弁を繰り返したものの、先の文科省に対する質問と同様、例えば大臣が維新関係者であるケースなどを想定すれば、答弁如何によって藤井氏の学術的意見が国会という公権力の場を通して、「デマだ」と断ぜられる可能性があったのである。

この様に、橋下維新の言論封殺は、文字通り、公権力を最大限に駆使した上で展開されて

＊3 「『勘違い京大、ライフワークとして正す』と橋下氏…〝ヘドロチック発言〟めぐり」産経WEST、2015.2.22.

いるのであり、一個人＝藤井氏の言論を封じ込めるために、藤井氏が属する所属大学に圧力をかけると同時に、それを所管する政府から圧力をかけるために国権の最高機関たる国会の場が再三にわたって活用されてしまったという次第なのである。

ここにも、橋下維新が自由な言論を封じるために、あからさまな詭弁と言論封殺を繰り返している様を見て取ることができる。

ＴＶ局に対する直接的な圧力

以上は、橋下維新による大学に対する圧力、学問に対する圧力であったが、彼らは報道の自由、言論の自由に対する圧力をかける行為に及んでいる。二月一二日に「維新の党」の松野幹事長名義で、在大阪の全テレビ局に対して、図3の「藤井氏のＴＶ出演の自粛を求める文書」を送付したのである。そして、さらにその四日後の二月一六日にも、ほぼ同趣旨の文書（図4）を各ＴＶ局に送付している。

前者の文書には、「大阪維新の会反対、大阪都構想に反対の象徴として位置づけられている藤井氏の存在が広く周知されること自体が、大阪維新の会、大阪都構想について反対している政党および団体を利することになる」が故に「藤井氏が各メディアに出演することは、

平成27年2月12日

放送局各位

維新の党
幹事長　松野頼久

平素より大変お世話になっております。

さて、ご承知の通り本年はわが党の政策の根幹でもある大阪都構想へ向けた統一地方選挙が挙行されます。特別区設置協定書についても総務省からも特段の意見無しと返答を頂き、2月議会を経て、住民投票が実施される見通しが確実となっております。

私たちはかねてより大阪都構想の実現は住民による直接投票にその審判を委ねるべきとの主張をしておりましたが、過日より、京都大学に所属する藤井聡教授は現大阪市長、大阪維新の会代表、維新の党元共同代表の橋下徹に対し、侮辱の言を公に述べ、維新の会、大阪都構想に反対する立場を鮮明にしております。さらに大阪都構想について虚偽の主張を繰り返しています。

つきましては、公平中立を旨とする報道各社の皆様に改めてお願い申し上げるのも不躾とは存じますが、以下の事由から今後住民投票が終了するまで各報道姿勢にご留意いただきたくお願い申し上げます。

記

藤井氏は内閣官房参与の肩書を持ちながら、大阪都構想について事実誤認に基づく虚偽の主張を公に繰り返している。(①)さらに来る統一地方選挙に向けて大阪維新の会や大阪都構想に反対する政治運動を公に行っている。(②③④)

藤井氏は、橋下に対して、「ヘドロ」「あんな悪い奴はいない」「私利私欲」「腐る最先端」など、公人に対する批判・論評を超えて、徹底した人格攻撃を公でしている。(DVD)

ゆえに、大阪維新の会は、藤井氏に対して公開討論の申し入れを行った(⑤)が、公開討論は拒絶している。(⑥)

統一地方選挙まで3か月を切っている。大阪の統一地方選挙では大阪都構想の是非についても最大の争点となる事が予想される状況下で、大阪都構想や大阪維新の会、橋下に対して公然と反対する政治活動を行い、大阪維新の会の公開討論会の要請を無視している藤井氏が、各メディアに出演することは、放送法四条における放送の中立・公平性に反する。

なぜなら、公開討論をすることによって相互の主張を公にするならともかく、このように大阪維新の会反対、大阪都構想に反対の象徴として位置付けられている藤井氏の存在が広く周知されること自体が、大阪維新の会、大阪都構想について反対している政党及び団体を利することになるからである。選挙及び住民投票を歪めることのないよう、放送局としての自覚を求める。

資料

① 【藤井聡】大阪都構想:知っていてほしい7つの事実ネットでの藤井氏の記事。7つの事実。
② 府民の力2015のちらし
③ 産経新聞記事
④ 産経新聞
⑤ 公開討論の申し入れ
⑥ 藤井氏のホームページ

DVD

以上

図3　維新の党から在阪TV各局に送付された圧力文書（その1：平成27年2月12日分）

平成27年2月16日

在阪放送局各位

維新の党

幹事長　松野頼久

平素のご高配誠にありがとうございます。先日、皆様に藤井聡に関するお願いを送付させて頂き、各放送局におかれましては、私どもの公平中立を求める意図をお汲み取り頂いている事と存じます。

この度は、テレビ番組などでは中立を装いながら言動不一致である藤井氏の行動は有権者及び住民投票を大きく歪める事になり得ると考え、下記事由により各放送局におかれましては、再度今後住民投票が終了するまで各報道姿勢にご留意いただきたくお願い申し上げます。

記

藤井氏は自民党の東成区の反維新、反大阪都構想のタウンミーティングに参加する。

（参考　別紙）

https://www.facebook.com/events/1572533022986319/?ref_newsfeed_story_type=regular

しかし、維新の会のタウンミーティングや討論会には参加しない。

藤井氏は反維新、反大阪都構想のスタンスは明確であるにもかかわらず、関西テレビの番組などでは、中立を宣言している。

中立を宣言している者が述べる意見は客観的・公平的であると聴衆は錯覚する。これは明らかに公平性を害する。

番組内で広く視聴者に虚偽の中立を宣言し、中立を装いながら、反維新、反都構想の政治活動をすることは許されない。極めて悪質である。

このような活動をしている藤井氏が、維新の会、大阪都構想に中立なわけがなく、番組内で虚偽の中立宣言をした藤井氏を出演させる放送局の責任は重大である。

以上

図4　維新の党から在阪TV各局に送付された圧力文書（その2：平成27年2月16日分）

放送法四条における放送の中立・公平性に反する」と明記されている。これは無論、実質的に国政政党が藤井をTVに出すなという趣旨の圧力をかけるものに他ならない。

しかもこの文書の論理は、放送法四条の理念から完全に乖離している。そもそも放送法四条が求める中立・公平性は「放送全体」のものを言うものであって、個々の出演者の中立・公平性では断じてない。もしこの論理がまかり通るのなら、何らかの政治的な意見を持つ個人は、何人たりともメディア出演それ自体が不可能となる。こういう悪質な虚偽の法律解釈に基づく圧力を国政政党が党として行っているのであるから、これこそ、公権力者による言論弾圧そのものに他ならない。

一方、二月一六日の文書では、藤井氏は「反維新、反大阪都構想のスタンスは明確」であるにも関わらず「テレビの番組などでは、中立を宣言している」と断じた上で、「番組内で虚偽の中立宣言をした藤井氏を出演させる放送局の責任は重大である」というロジックで、国政政党幹事長名義で、再び、藤井のTV出演を自粛することを求める圧力を掛けている。

ただしこの文書のロジックも極めて悪質なものである。そもそも、藤井氏はいかなるTVでも「中立」を宣言していない。したがって、藤井氏が「番組内で虚偽の中立宣言をした」と非難すること自体が、ウソに基づく非難、すなわち「濡れ衣」なのである。こういう悪質な嘘に基づく圧力を国政政党が党として行っているのであるから、これもまた公権力者による反対者に対する言論弾圧としてのテロル、すなわち「白色テロル」と言わざるを得ない。

なお、こうした圧力にもかかわらず、朝日放送は、藤井氏がレギュラー出演している番組の継続を宣言したのだが、それを受けて橋下維新は、京大総長への圧力文書送付時と同様、国会の場で、所管省庁（総務省）に、藤井氏を出演させているTV局は放送法の理念に反する振る舞いをしているのではないかと問いただす質問を行っている（平成二七年三月一〇日衆議院予算委員会第二分科会、質問者は維新の党足立康史議員、答弁は高市総務大臣はじめとした総務省担当者だった）。

なおこのケースでも、政府側は、足立議員の意図を認める発言は一切行っていない。ただしこの国会答弁でも、例えば大臣が維新関係者であるケースなどを想定すれば、答弁如何によっては藤井氏のTV出演が不能となるケースや、藤井のTV出演を継続させている当該のTV局が何らかのペナルティを被るケースがあり得た事は間違いない。

さらにはこうした圧力に影響されて、藤井氏のTV出演を自粛する動きが実際にあったとしても不思議ではない。なお、いずれのTV局のいずれの番組であるかについては不明だが、実際にそういう動きがあったことも、一部で報じられている。すなわち、橋下維新によるTV局に対する言論弾圧は、実質的に功を奏し、藤井氏の言論機会が剥奪されたのである。

見て見ぬふりをするメディア界

以上、都構想をめぐる住民投票において、公権力者である橋下維新から「事実」を申し述べる言論人に対して実際に行われた言論封殺、言論弾圧の実情を報告した。以上の報告からも明白なとおり、橋下氏、ならびに彼を代表とする「維新」の関係者は、一言論人が指摘した「彼らにとって不都合な事実」に対して、議論で理性的に反論する代わりに、詭弁と公権力を駆使しながら黙らせる圧力をかけ続けたのである。

こうした橋下維新の態度は、ナチス・ドイツの国民啓蒙・宣伝大臣ゲッペルスが全体主義国家が持つべきものとして述べた「全ての力を反対意見の抑圧に用いることは極めて重要だ。真実は嘘の不倶戴天の敵であり、したがって、真実は国家の最大の敵なのだ」という態度そのものだ。

そして、この橋下維新の言論弾圧「事件」の重要な特徴は、藤井氏に差し向けられた明確な名誉毀損や誹謗中傷や藤井氏の言論の自由やテレビ局の報道の自由に対する明確な公権力による侵害に対して、大手新聞社、大手テレビ局は「**黙殺**」する立場を取ったという点にある。

そもそも、藤井氏は、言論弾圧の実情をいくつかの新潮や文春などの大手雑誌上で訴え続けたのだが、それでも大手新聞社やテレビ局の態度が変化する事は無かった。すなわち、藤井氏の新聞テレビでの言論の自由は抑制され続けたのである（実際にＴＶ出演の機会が奪われたであろうことは、先に指摘した通りだ）。

ただし、言論の自由が抑制されたのはもちろん、藤井氏だけではない。

橋下維新の意にそぐわない発言がＴＶ番組内で少しでもあれば、そのコメンテータやアナウンサーは、ツイッター、そしてマスコミ各社が参加する記者会見の席上で、橋下氏によって激しく抗議、非難されるということが繰り返された。同じく、記者会見で橋下氏の意にそぐわない質問が記者からあれば、その記者には激しい非難、罵倒が浴びせかけられ、マスコミ各社がいるその場は瞬く間に「公開リンチ」の場と化した。そして、維新の意にそぐわない記事を掲載した新聞社の記者もまた同じ憂き目に遭っていた。

そして橋下氏の部下である大阪市の職員に至っては、住民投票の期日まで都構想の是非について一切話してはならぬという完全なる「箝口令」までしかれていた。

こうした自由な言論に対する弾圧が重ねられた結果、大阪市役所職員は言うに及ばず、学者、知識人、メディア関係者や識者達も、そのおおよそが橋下氏の罵詈雑言や公党からの抗議圧力に怯えてしまい、声高な批判をしなくなっていった。そしてどのような不当な圧力行為を目にしても、「あぁ、またいつものことか」と慣れっこになってしまっていったのである。

なお、こうした状況は、心理学の用語で言えば「学習性無力感」（Abramson, Seligman & Teasdale, 1978）と呼ばれるものに他ならない。それはいじめやＤＶに晒され続ける多くの人々が陥る「何をやったって、どうにもならない」という、あの無力感である。

つまり、橋下維新による詭弁を基調とした言論封殺は、何も藤井氏の言論に対してのみ繰り返されていたのではなく、あらゆる発言者、メディアに対して日常的に繰り返され、関係者が「学習性無力感」に陥る程の状況に至っていたのである。

ただしこうした特殊状況ではなく、平時であるのなら、公権力者による言論・報道の自由に対する侵害があれば、メディア上では蜂の巣をつついたような騒動となるのが一般的だ。しかし本件に限ってそうならなかったのは、偏に、大阪を中心としたメディア界が「全体主義」に覆われていたからに他ならない。それはナチス・ドイツにおいていかなる弾圧が行われようとも、メディアが取り上げなかったことと同一なのである。

これこそ、いじめられる子供を、周りの子供達が見て見ぬふりをする、という現象そのものである。

ただし、ことはより深刻である。

今回見て見ぬふりをしたのは、報道の自由の担い手であるメディア関係者だったからだ。

彼らは砂場で遊ぶ子供などではない。彼らは、報道の自由を「死守」し、自由な報道を公衆に届け続けねばならぬ使命を帯びた存在だ。にも関わらず、テレビ、新聞のメディア関係者は皆、橋下維新の言論弾圧に「屈した」のである。

繰り返すが、これは極めて深刻な問題である。

橋下維新によるプロパガンダ

このように、橋下氏は住民投票の有権者の公正判断において何よりも大切な、**「事実情報」**が、有権者に届かないようにする圧力を様々な詭弁と公権力の双方を駆使しつつかけ続ける言論封殺を行い、それを通して実際に、テレビや新聞、そして、あらかたの言論人やジャーナリストを黙らせることに成功し、結果として現実に、事実情報が隠ぺいされ、封殺されていったのである。

これでは、公正で客観的な住民判断が著しくゆがめられる他ない。

ただし、彼らが都構想の賛成票を獲得するために行ったのは、こうした言論封殺だけではない。彼らは「反対」の意見、あるいは「事実」「真実」についての見解情報を徹底的に隠ぺいするのみならず、都構想への「賛成」を呼びかける圧倒的な公的資金を投入した徹底的な「プロパガンダ」を展開したのである。

まず、住民投票前には、連日、人気番組のコマーシャル枠を狙って都構想への賛成を呼びかけるテレビコマーシャルが大量に放映された。その内容は、以下のように、単なる「イメージ操作」を狙ったものとおぼしきものばかりだった。

「チェンジ大阪、チェンジ大阪…、都構想で大阪をもっと住みやすく。チェンジ大阪」
「チェンジ大阪、もっと安心して暮らせる街に。チェンジ大阪。もっと便利で住みやすい街に。都構想で大阪をもっと住みやすく。チェンジ大阪」
「大阪都構想でもっとワクワクする未来がやってくる。大阪をこの国の新しいエンジンに。チェンジ大阪」

ご覧のメッセージでは、「都構想にすれば、なぜ、大阪が住みやすくなるのか、なぜこの国の新しいエンジンになるのか」については、全く解説されていない。ただ根拠無くいくつかのフレーズを述べた上で、最後に「チェンジ大阪」という空疎なキーワードが発せられる。

これらメッセージはいずれも、明るくさわやかなＢＧＭに乗って、明るいアニメーションイラストや、一般の大阪市民の風体の数々のさわやかな笑顔の出演者から発せられる。
また、「橋下氏のタレント性」を最大限に活用したとおぼしきCMも大量に放映された。以下のCMはいずれも、視聴者に橋下氏個人が語りかける構図、ないしは、演説で公衆に語りかける構図のものであった。

「とにかく大阪をよくしたい。その思いだけで、ここまでやってきました。子供たちや孫たちに、素晴らしい大阪を引き渡していきたい。ただその思いだけです。住民投票で新しい大阪をつくっていきましょう」

「東の東京都。西の大阪都。この二つのエンジンで日本を引っ張る。孫たちひ孫たちが、あああの時の大阪都構想でここまで便利になったよね、そういうことを言って笑っている姿を夢見て……チェンジ大阪」

「二重行政の無駄をなくし、もっと住みやすい街をつくる。これが大阪都構想。あたりまえの事なんです。都構想で大阪が変わります」

これらのメッセージには、何の根拠もない言説がちりばめられている。具体的な内容については、別著（例えば、『大阪都構想が日本を破壊する』）に譲るが、例えば、簡潔に解説するとするなら、「都構想が可決されたところで、大阪が日本のエンジンの一つになる」という主張は、事実無根どころか大阪がかえって衰退するに相違ないという形で、都市計画の専門家から徹底的に批判されている。あるいは、「二重行政の無駄をなくす、当たり前のこと」と主張されているが、地方行財政の専門家達から、削減すれば大阪を豊かにできるほどの二重行政の無駄は存在していないことも明確化されており、橋下氏自身も、二重行政の削減は些細なものであるという事を示唆する発言を記者会見上でも行っている。

つまり、これらの政策的メッセージは控えめに言って根拠薄弱なメッセージ、あっさり言うなら、「嘘」なのである。

なお、橋下氏の「思い」が嘘かどうかの論証については、紙面の都合上割愛するが、一政治家の思いがどれだけあろうと、それと、都構想によって大阪の未来が本当によくなるか否かは、別問題なのは当たり前だ。とはいえ、「人気キャラ」である橋下氏が視聴者の情操に訴えかけるメッセージには、投票行動を誘発する強力な心的効果が存在することは間違いない。

大阪維新はこうしたテレビCMに加えて、大阪市内の全世帯をめがけた新聞折り込みチラシを、住民投票のひと月前から前日にかけて、一二回、つまり平均三日に一回以上のペースで打ち込み続けた。前半では週に一、二回、投票直前には四日連続、上述のCMとも（CM

で織り込みチラシを読むように誘導する等して）連動させながら配布している。そのメインメッセージは基本的に、以下のようなCMと同様のイメージ操作を狙ったとおぼしきものであった。

「橋下徹はキライでもいい。でも大阪を前に進めてほしい（あと4日!!）」
「僕のことは嫌いでもいい。でも、大阪が一つになる、ラストチャンスなんです（あと3日!!）」（橋下氏の写真がバック）
「大阪をよくしたい、それだけの思いで走り続けてきました。橋下徹（あと2日!!）」
「大阪市民のみなさんにお伝えしたいことがあります（いよいよ明日!!）」（橋下氏の写真がバック）

なお、これらのCMやチラシの戦略はいずれも、大手広告代理店に橋下維新が公的資金四億円を投入して発注したものと言われており、以下のように報道されている[*4]「大阪維新の会もテレビCMや街宣などの広報費として4億円以上を拠出…もともと資金が豊富ではない維新が少なくとも4億円を投入できたのは政党助成金があったから」。なお、この四億円の投入については、以下のような「政治部記者」からの意見も報道されている「維新の党の15

年分の助成金は26億6千万円。大阪市民だけを対象とした住民投票に国民の血税が流用されるのは本来の目的から外れているのではないでしょうか」。

いずれにせよ、これだけの公的資金が投入され住民に届けられたのは理性的な政策判断にとって必要な情報というよりは「イメージ」「雰囲気」だったわけである。

これこそまさに、**ブラック・デモクラシー＝全体主義の第四番目の要素である「プロパガンダ」に他ならない。**

橋下氏による「多数決崇拝」の態度

橋下維新が、都構想について批判的な言論と発言者に対する激しく露骨な言論封殺を行うと同時に、賛成を促す徹底的なプロパガンダを展開したのは、偏に、都構想の「住民投票」で可決を目指したからである。

彼らが大阪都構想の実現を希求しているのは、もちろん、彼らのプロパガンダの中では、大阪を豊かにするためだということになっているが、そうした政策論的主張が完全に誤っ

＊4　「大阪都構想、費用はおよそ12億円か…政党助成金からの流用に疑問も」２０１５年5月20日、livedoor ニュース

ていることは、様々な学者によって論証されている（繰り返すが、拙著『大阪都構想が日本を破壊する』、あるいは、インターネットサイト「『大阪都構想の危険性』に関する学者所見（五月九日現在、計一〇八人分）」を参照されたい）。

そうである以上、彼らが都構想の実現を目指しているのは、何らかの政治的意図があるからだと考えざるを得ない。それが一体何であるかについては、ここでは深く立ち入らないが、公表情報を政治学的に分析した冨田宏治関西学院大学教授（政治学）は、「中央政界への進出を目指している」から都構想の実現を目指したという可能性が強く疑われると指摘している（『大阪都構想の危険性』に関する学者所見より）。

つまり、橋下維新にしてみれば、大阪都構想の可決を目指す事それ自身を政治的な目的に据えるのなら、その住民投票を行う事を正当化しつつ、徹底的なプロパガンダで賛成を増やし、詭弁と公権力を駆使した言論封殺で反対を減らす事を目指すに違いないのである。

では実態はどうだったのかと言えば、橋下氏は先に見たプロパガンダと言論封殺のみならず、やはり、徹底的な「住民投票崇拝」の立場を取っていたのである。

そもそも、彼は住民投票で都構想が否決された夜、その記者会見の席上で、

「僕が提案した大阪都構想、市民のみなさまに受け入れられなかったということで、

やっぱり間違ってたということになるのでしょうね」「民主主義という政治体制は本当に素晴らしいですね」

と発言している。つまり、彼は、多数決で勝った方が正しく負けた方が間違っていると考えているのであって、したがって、投票・選挙における勝利に絶対的な価値を置く、という立場を取っているのである（実際に彼がそんな価値観を信じているか否かはこの際関係ない。彼はそのような立場を取っている、という点がここでは重要なのだ）。

この彼の立場は、投票前の彼の以下のツイッターでも確認できる。

「大阪都構想は大阪の将来を左右する。だから住民投票で住民に決めてもらう。議会が否決するような話ではない」

「住民投票で住民に決めてもらう。議会が否決するような話ではない。住民が判断する」

「最後に住民投票。みなさん、政治家が決めれることには限界がある」

これらの言葉は、「議会」よりも「住民投票」の判断が優越することを意味している。彼にとってみれば、住民投票の勝負が絶対的な価値を持っているのであって、それに比べれば議会での議論など何の価値も無い、ということになるのである。

さらに言うならこれは、橋下氏が議会における「熟議の論理」よりも住民投票における「多数決の論理」を優先すべしと考えている事を意味している。

この発想は、言論封殺などしてもかまわないし、プロパガンダをしてもかまわないという態度と完全に整合している。彼にとってみれば、議論や熟議など何の意味もなく、単に賛成反対の頭数だけが重要なのだから、どんなテロルを働こうがウソをつこうが何の道徳的問題もないという事になるからだ（無論、あくまでも、橋下氏の論理に基づけば、という趣旨であるが）。

「多数決崇拝」を支えるニヒリズム（虚無主義）

ここで、「議論など無意味だ」という立場は、究極的に言うなら、正義や善や美や真実など、いずれも何の価値も無いくだらないものだ、という立場を取るに等しい。なぜなら、議論というものは、正義や真善美をめぐるものだからである。さらに言うなら、その立場は真善美や正義を司る心の働きである「理性」もまた、無意味だと考える立場でもある。

一般にこういう真善美も正義も理性も、何もかも無価値だと考える価値観は「ニヒリズム

（虚無主義）」と言われる（本来なら価値観とすら呼べぬ）価値観である。

橋下氏の「多数決至上主義」は、議論が無意味だという立場であり、したがってそれは、価値あるものなどこの世には無いと断ずる（あるいはあきらめている）「ニヒリズム」（虚無主義）の態度に他ならないのである。

このニヒリズムの態度さえあるなら、言論封殺をどれだけやったとしても、どれだけ阿漕《あこぎ》なウソにまみれたプロパガンダをやったとしても一切良心の呵責など起きない。そもそもニヒリストにとってみれば、ウソも誠もないのだから詐欺という概念すらあり得ないのだ。

逆に言うなら、この世に本当に正しいことや美しいものがわずかなりともあり得ると考える人、すなわち「非ニヒリスト」なら、「多数決が全てに優越する」とは言えぬことは明白だ。その多数決を投じた人々が、その正しいことや美しいものを理解して「いない」ことがあり得るからだ。そしてそんな非ニヒリストは、言論封殺やウソに塗れたプロパガンダに対して、わずかなりとも良心の呵責を感ずることとなろう。彼が封殺した言説に真実が宿っている可能性や、彼が声高に続けるプロパガンダがウソである可能性に、わずかなりとも思いが及ぶことになるからだ。

さて、この橋下氏のニヒリスティックな態度は、彼の数々の言説からいくらでも窺い知ることができる。

在特会の桜井誠氏との公開討論で、桜井氏に責め立てられたときに放った言葉は、

「だから選挙出てから言えよ」

であったし、都構想に反対する人々に対してはツイッターで、

「…立候補して選挙で僕の首を獲ったらいいんです」

と言い放っている。つまり、多数決の勝者である者だけが、意見を言う権利を与えられるのであって、意見の正しさなど多数決の勝利の前では無価値なのである。


あるいは、平成二七年八月三一日には、自身のツイッターで、国会前で行われていた安全保障関連法案に反対する大規模な抗議活動に関し、「こんな人数のデモで国家の意思が決定されるなら、サザン（オールスターズ）のコンサートで意思決定する方がよほど民主主義だ」とつぶやいているが、これはもちろん、サザンのコンサートの方が「頭数」が多いからだ。

ブラック・デモクラシーを終わらせるために

以上、いかがだろうか。

民主主義＝デモクラシーは、「正義」や「理性」が欠落した途端、いとも容易く真っ黒なブラック・デモクラシーと化し、「いじめ」に象徴される、あらゆるテロルの温床となるの

である。そして、その典型例が、橋下氏あるいは、橋下維新が展開しようとしている、大阪都構想を中心とした大阪における政治的社会現象なのである。なぜなら、橋下維新の言動には、ブラック・デモクラシーの四要素である「多数決崇拝、詭弁、言論封殺、プロパガンダ」の全てが、これでもかこれでもかという圧倒的な証拠の数々に示されているように明確に表れているからである。

繰り返しとなるが、①とにかく議論など無意味だ、多数決こそが何よりも優越するのだと主張し続けるとともに、②住民投票でもって政治目標を達する状況を創出し、その住民投票に勝利するために、あらゆる詭弁を弄し、あらゆる公権力を活用しながら賛成投票を促すプロパガンダを徹底的に展開すると同時に、③同じくあらゆる詭弁を弄しつつ、あらゆる公権力を活用しながら反対意見を黙らせる言論封殺を徹底的に展開する、という、ブラック・デモクラシーの四要素のすべてが明確な政治社会運動を展開したのが橋下維新である、ということが、本章の数々の証拠から明らかなのである。

そしてそういうブラック・デモクラシーを巻き起こす深淵にあるものこそ、あらゆるものには何の価値もないと考える（あるいはあきらめる）「ニヒリズム」（虚無主義）なのである。

つまり、デモクラシーはニヒリズムと結託した時にあっというまに真っ黒に染め上げられたブラック・デモクラシーと化し、ありとあらゆるスケールの「いじめ」すなわち「テロル」が社会的に正当化されながら徹底的に進められることとなるのである。

そうである以上、デモクラシーをブラックなものとせぬようにするために我々がなすべきは、徹底的にニヒリズムを排除することなのである。

そのためになすべき事は——実は何も難しいことではない。

この世には美しいものとそうでないものがあるという事を、あるいは、おいしいものとおいしくないもの、楽しい事と楽しくない事があるという事を、実感を伴って体験をするだけでいい。あるいは、好きな事とそうでない事があるという体験を、それが難しいなら、好きな人とそうでない人がいるんだという事を経験すればいい。

あるいは、この世には正しいことと間違っていることがあるのだという事を、本当の事とウソの事があるという事を、同じく実感を伴いながら体験すればいい。

もちろん、この世には善いことと善くないことがあるのだ、という体験をするだけでもいいし、それが難しいなら、この世には善い人とそうでない人がいるのだ、という体験をするだけでもいい。

何もこれら全てをしなければならない、というものでもない。

これらの内のどれか一つでもいい。それを体験することができれば、その人は、もうすでに「ニヒリスト」ではないはずなのだ。

後は、その体験を、自分の中で大切にしさえすればいい。決して、その体験や経験を封殺してしまってはならない――。

とはいえ、今や多くの人々が、自分の中の「真や善や美」についての体験を隠ぺいし、封殺してしまっているのが実情だ。ある一定の年齢以上になれば、真善美の体験の隠ぺいは、ほぼ完璧なものとなっているというケースも多かろう。

そうなれば、そういう人物は「ニヒリスト」(虚無主義者)と言わざるをえない。

だから、我々は、デモクラシーを運営するにあたって、そういうニヒリストを政治権力に導き入れることを徹底的に排斥しなければならないのである。

繰り返すが、デモクラシーがニヒリズムと結託した時に、ブラック・デモクラシーが生み出されるのだ。だから、デモクラシーにおいて、ニヒリストに権力を付与させぬようにしなければならない。

それは我々に可能なのかと言えば――それもまたいともたやすいことなのだ。

そういうニヒリストを選挙で落とせばいいのだ。

しかし、ここに「非ニヒリストの最大の弱点」がある。

なぜなら、選挙で勝利するためのあらゆる「反則技」である、詭弁や言論封殺、そして嘘に塗れたプロパガンダには、非ニヒリスト達は手を出さないからだ。
だからこそ、権力を掌握したニヒリストは次のように叫ぶのである。

「だから選挙出てから言えよ」
「選挙で僕の首を獲ったらいいんです」

我々の国家で、ニヒリスト達にもう二度と、こういう暴言を吐かせぬようにするためにも、我々は冷静に、賢明なる公衆の力で、粛々と選挙で彼らに敗北を突き付けねばならない。ちょうど、平成二七年五月一七日の大阪都構想の住民投票の様に——。

確かに彼らは我々には及びもつかない圧倒的な公権力や社会的影響力を持っている。しかし、彼らには無いが、我々にはある、というものが少なくとも一つだけある。

真実、である。

真実は一見、何の力もなきものに見える。時に豚に見せる真珠のように思える時がある。しかし、それはあらゆる詭弁、デマと嘘を溶解させる唯一無二の武器なのだ。

そしてニヒリスト達は実は、そのことを本能的に理解している。だからこそ、彼らは全力で言論封殺を仕掛けてくるのだ。

そうであればこそ、我々は真実を見極め、それを強く握りしめながらニヒリスト達の**言論封殺に絶対に屈せずに、戦い続けなければならない**のである。それこそが公権力者によるブラック・デモクラシーの跋扈を食い止めるために我々ができる、ただ一つの事なのである。

潜入ルポ　これぞ戦後最大の詐欺である

適菜収

適菜 収（てきな・おさむ）
1975年、山梨県生まれ。作家。哲学者。早稲田大学で西洋文学を学び、ニーチェを専攻。卒業後、出版社勤務を経て現職。著書に、ニーチェの代表作『アンチクリスト』を現代語にした『キリスト教は邪教です！』（講談社＋α新書）、『日本をダメにしたB層の研究』（講談社＋α文庫）、『ゲーテに学ぶ賢者の知恵』（だいわ文庫）、『ニーチェの警鐘 日本を滅ぼす「B層」の害毒』（講談社＋α新書）、『なぜ世界は不幸になったのか』（角川春樹事務所）、呉智英との共著『愚民文明の暴走』（講談社）、藤井聡との共著『デモクラシーの毒』（新潮社）など。

大阪でなにが発生していたのか？

大阪「都構想」なるものについて考えるとき、議論のスタート地点を最初に固めるべきだと思う。ここを間違うと、無駄な議論が進行し、いつまで経っても本質にたどり着かない。そうこうするうちに、われわれの社会は取り返しのつかない事態に陥る可能性がある。

本稿の目的は、大阪「都構想」なるものが詐欺にすぎないという事実を、読者の皆さんと前提として共有することにある。

そもそも、「都構想」という言葉自体がデタラメではないか。

住民投票で賛成票が反対票を上回ったとしても、大阪府が大阪都になるわけではなく、政令指定都市である大阪市が五つの特別区に分割されるだけだった。

大阪市民は自治も権限も失うわけで、百害あって一利もない。要するに「自分たちの首を絞める構想に賛成しますか？」と大阪市民に問うたわけである。

普通に考えたら、「アホか」の一言で終わる話。

ところが住民投票直前、大阪市では賛成派と反対派が拮抗していた。

一体大阪でなにが発生しているのか？

橋下徹および大阪維新の会は、タウンミーティングで、地元住民に対しどのような説明をしているのか。私は、『新潮45』の編集者と共に、大阪に向かった。

以下、橋下らの悪事を暴いた潜入ルポ（『新潮45』二〇一五年五月号）を、そのまま掲載する。臨場感を出すため、時制はそのままとした。

いざ大阪

来る五月一七日、大阪市で住民投票が行なわれる。多くの人が誤解しているが、これは「大阪都構想」の賛否を問うものではない。住民投票で賛成票が反対票を上回っても、「大阪都」にはならない。では大阪市民に何を問うているのか？

「大阪市を解体し、権限、カネを手放すのかどうか」である。実際、大阪市長の橋下徹本人が「大阪市が持っている権限、力、お金をむしり取る」（『読売新聞』二〇一一年六月三〇日）と発言している。

四月四日・五日の『産経新聞』の世論調査では、「都構想」に反対する大阪市民が四七・五％、賛成が三六・七％という数字が出ているが、まだ目が覚めていない市民が相当数いるわけだ。

私が橋下を批判すると必ず次のような反発がある。

「実際、大阪はよくなってきたんや」

「橋下さん以外に大阪の既得権益は破壊できない」

「橋下さんはばらまきの補助金をカットした」

こんな趣旨のメールも受け取った。

「二重行政を解消しないかぎり大阪の未来はない。適菜さん。一度、タウンミーティング（以下TM）に来てください。橋下代表が正しいことがわかると思います」

それならば行ってみよう。三月一五日早朝、私は簡単に荷物をまとめ、JR東京駅から新幹線に乗った。

橋下および大阪維新の会は、現在精力的にTMを行なっている。すでに四五〇回（四月四日時点）を達成。さらに住民投票に向けてペースを速めていくという。

JR大阪駅でタクシーに乗り換え、一〇時五〇分、この日最初のTM会場である此花《このはな》区民ホールに到着。

開始一〇分前だが、会場の入り口には長い行列ができている。スタッフがたむろする一帯を通り抜けると、そこには二〇一四年の出直し市長選の際、マック赤坂を羽交い絞めにした「大入道」と呼ばれる男がうろついていた。

参加者は老人がほとんど。若者を目にすることはなかった。男女比はおよそ半々か。入場時には、鞄の中身がチェックされ、空港にあるような金属探知機を通らされる。入り口付近で案内をしているスタッフは、普通のおじさん、おばさんであり、悪意があるようには見えない。おそらく橋下が大阪をよくすると深く信じているのだろう。

定員五〇〇名の会場は満席。私は椅子に座ることができず、会場の一番後ろで立ち見することになった。

最初に大阪府議会議員の尾田一郎が挨拶。続いて大阪市会議員の大内啓治が短いスピーチで会場を煽る。

「(都構想の)財政効果はもう無限大と言っていいほどあります。あります!」

壇上脇には左右にSPが二人。さらに椅子席周辺で八人が目を光らせている。

一五分後、満を持して橋下が登場。ニコニコしながら、聴衆に話しかけた。

「すみません、皆さん。おはようございます。こんな政治の話、別段面白くもなんともないと思うんですけど、これだけ多くの皆さんにお集まりいただきまして、本当にありがとうございます」

橋下は聴衆に感謝し、

「もう僕は今、この段階に至りましたから、賛成の立場だけでは言いません。賛成の立場と反対の意見、これを両方出します。そして、どこが考え方の違いなのかということをお伝えします」

とフェアに戦うことを宣言した。

橋下は軽口で笑いをとりながら、会場の空気を読み取っていた。都構想に批判的なジャーナリスト大谷昭宏の悪口を言ってウケると、方向を見定めたようにメディア批判を展開する。

「毎日新聞なんか、本当にどうしようもないです。相変わらずくだらんことばっかり社説で書いてね。ぐだぐだ、メリットがどうだ、こうだ。皆さん、大阪都構想というのは、もう立場の違いの話です。自分はどっちの立場につくのかという話で、細かなメリット、デメリットの話ではありません」

え？

「都構想」とはあくまでメリットとデメリットの話である。だからこそ橋下はメリットは「無限」と言い、大阪維新の会幹事長の松井一郎は「都構想はデメリットがない」（『産経新聞』二〇一五年三月一五日）と強調してきたのではないか。

橋下は「住民の皆さんの理解を得ることが一番重要だ」と述べる一方で、ＴＭでは「細かい内容を理解する必要はない」と吹聴しているのだ。

催眠商法の手口

ここからが本領発揮である。

「今の大阪府、大阪市にはものすごい問題、これはもうある。これを解決しないことには大阪には未来がない。これが大阪都構想、賛成の立場」

「今の大阪府、大阪市を前提にしてもいくらでもそんなのはなんとかなるよという立場が、大阪都構想反対派の人たちです」

複雑な事象を単純化し二項対立に落としこむ。

「さあ奥さん。どちらを選びますか？」

というわけだ。橋下は畳み掛ける。

「ここで立場が違うんだから、話し合ったってしようがないわけですよ」

「大阪市という名前、死んでもこれは手放せないという人たちは、大阪都構想反対派です」

「東京を飛び越えてニューヨーク、ロンドン、パリ、上海、バンコク、そういうところに並んでいく大阪というものを目指そうとする。これが大阪都構想賛成派」

次第に話が大きくなってくる。私の目の前に座っている中年男性二人が、深く頷きながら橋下の話に聞き入っている。催眠商法の手口だ。老人を密室に集めてテンポよく語りかける。

「スポンジ、今日は一円でいいよ」

老人たちは我先にと手を出してスポンジを奪い合う。

「洗剤は一〇円でいい。先着一〇人だ」

老人たちの鼻息が荒くなる。そして我に返ったときには、高額の羽毛布団を買う契約書に判を押しているわけだ。

政令指定都市である大阪市が解体されたら、金欠により都市計画も進まず、ニューヨーク、ロンドン、パリどころか、町や村以下の特別区になるのである。自民党大阪市会議員団幹事長の柳本顕が「毒饅頭」と言うのはこれだ。

「大阪が現状維持でいいというわけではありません。改革すべきところは変えなければならない。しかし、うまい話に飛びつくのは危険です。そこには毒が盛られているかもしれません」(柳本議員)

橋下はヒートアップしていく。

「これからの時代、やっぱりその枠を飛び越えた新しい大阪をつくっていこう。そして今の大阪を考えるんじゃなくて、子供たち、孫たちに二〇年後、三〇年後、四〇年後に新しい大阪を残していこうと考える人たちは、大阪都構想賛成派になります。大体これでどちらの立場に立つかということは決まってしまって、これで賛成、反対になるんです」

もちろん、ほとんどの聴衆は「大阪都構想賛成派」になるのである。

ＴＭに参加して、驚いたことが二つある。一つは橋下の気迫だ。一時間以上一気に喋り倒す。私は聞いているだけで（肉体的にも精神的にも）疲れたが、橋下は喋り倒した上に、この日は五ヶ所の会場を回っている。普通ではない。相当強い動機があるのだろう。

二つ目は内容である。スピーチの構成はよくできており、心理学の手法を応用した巧妙な詐欺である。その場では検証できない数値や嘘を積み重ねていくので、ある程度の教育を受けた人でも事前に情報や知識がなければ騙されてしまう。ましてや地元の老人が橋下の嘘を見抜けるとは思えない。

橋下が毎回のようにＴＭで使っている「府市二重行政の弊害」というパネルがスクリーンに映し出された。

「ＷＴＣビル（現大阪府咲洲庁舎）は住之江区にあります」

「この高さ、二五六メートルです。一方、大阪府がつくったりんくうゲートタワービルは関西国際空港の前にありますが、高さ二五六・一メートル。一〇センチ高いんです、こっちのほうが。大阪府のほうが偉いだろうということで、大阪市よりも高くしたんです」

「同じだけの財布を握っている者が二人いると、結局、張り合うんですよ」

「二重行政」は重要なキーワードである。大阪府と大阪市の二重行政を解消することにより、税金の無駄遣いがなくなり、財源が生まれる。これが橋下らが唱える「都構想」の「効果」である。これにより当初は年間四〇〇〇億円の財源を生み出すのは「最低ライン」と言っていたが、大阪府と大阪市が試算した結果は九七六億円。さらにその数字も橋下の指示による粉飾だった。この件について記者から追及された橋下は「議論しても仕方ない」と言って逃げている。

現在、大阪市会の野党が出している「効果」は約一億円だ。この時点で当初の四〇〇〇分の一だが、さらに制度を移行するための初期投資に約六〇〇億円、年間コストが約二〇億円かかる。「一円儲かるから六〇〇円払ってください」と言うのと同じで、「都構想」とは足し算ができれば誰でもわかる詐欺なのだ。

なお、WTCビルは大阪市港湾局が中心となって計画し第三セクターが建てたもので、単なるゼネコン事業の失敗である。二重行政とはなんの関係もない。実際、大阪府議会で、自民党の花谷充愉幹事長が「こうした施設（WTCビルなど）は特別区でも設置できるのか」と質問すると、大都市局の理事が「特別区で実施できないものではない」と答弁している。

花谷は「二重行政を二度とつくらない大都市制度という宣伝は、有権者を騙すことになる」と指摘していたが、橋下の目的は最初から有権者を騙すことにある。過去の事業の失敗例を恣意的に抽出し、制度の問題にすり替えたわけだ。

橋下は言う。

「なぜ二重行政になるのか」

「大阪府知事と大阪市長、一人一人がいるからです」

「これを一人にしてしまえばいいんです。これが大阪都構想の考え方」

「え、そんな単純なことなのと思われるかもわかりませんが、そうなんですよ」

そもそも、五月一七日の住民投票で問われるのは大阪市を解体するかどうかである。その手続きを記載した『特別区設置協定書』には、「大阪都」「都構想」「二重行政」という言葉は一切出てこない。「二重行政の解消のために都構想を実現する」という話は住民投票とはなんの関係もないのだ。

また、政令指定都市は国内に二〇あるが、二重行政を問題にしているところはほとんどない。『読売新聞』（二〇一五年三月二九日）が政令指定都市および政令市のある道府県の首長計三三人（大阪市長、大阪府知事を除く）に対しアンケートを行った結果、政令市分割が必要とした首長は一人だけ。逆に多くの首長は政令市の権限・財源の拡充を主張している。当たり前だ。自ら権限や財源を放棄するバカはいない。橋下らの狙いは、大阪市民からカネを騙し取り、府の借金返済に流用したり、湾岸部にカジノを建設し、そこへアクセスする交通網を整備することだろう。そこに莫大な利権があることは容易に想像がつく。

過去に橋下はカジノ議連の席で、

「小さい頃からギャンブルをしっかり積み重ね、全国民を勝負師にするためにも、カジノ法案を通してください」

と発言している。未来ある少年少女を博打漬けにしたいのか？

すべてはご都合主義

橋下は言う。

「今から七二年前は東京府と東京市だった。東京でも二重行政だったんです」

「でもこれじゃあ問題だということでね。今から七二年前、一九四三年に東京府と東京市をあわせて一つにした」

「それ以来、東京では七二年間、二重行政ということは誰も言わなくなりました。完全に二重行政はなくなったんです」

もちろん嘘である。当然、東京にも二重行政は存在する。また、東京府市の合併を推進したのは内務省であり、戦時下において住民の自治を奪うことが目的だった。

橋下は続ける。

「これから大阪府と大阪市、ちゃんと話し合いをしなさいよという法律ができました。でもその法律は話し合いをしなさいよというだけなんです。最後、どうしても話し合いがつかない場合には、総務大臣が意見を言います。でも意見を言うまでなんです。従わなくてもいいんです。誰も従うわけありません、そんなもの、国から言われて」

これは驚くべき発言である。

実は此花区民ホールの後に行なわれた住之江区のＴＭにも参加したのだが、そこで橋下は総務大臣の発言がいかに重いものであるかについて憲法や法律まで持ち出して一通り語っているのである。

「医療・教育・福祉の住民サービスは、大阪都構想で絶対に下がることはありません。その理由の一つは、大阪都構想の設計図に『今の住民サービスは下げない』ときちんと書いてます。これを総務大臣に出して、総務大臣はそれを見て大阪都構想ＯＫと出したんです」

すべてはご都合主義。要するに、総務大臣の発言の価値は、橋下が利用できるかどうかで決まるのである。しかも特別区になれば権限と財源が激減するので、当然住民サービスの質も低下する。

（追記　「総務大臣が大阪都構想ＯＫと出した」というのも真っ赤な嘘である。当時の総務大臣高市早苗が自ら述べたとおり、協定書案の内容について「特段の意見はない」と書類上の不備を認めなかった

だけだ）

ご都合主義と言えば、以下の事例もそうだ。住之江区のＴＭで松井一郎はこう語っている。

「僕と橋下市長による関係で今二重行政を撤廃して、広域行政を一元化していますが、これは人によって成り立っている脆弱なものです」

その言葉を受けて橋下は言う。

「今、僕と知事の間では二人でうまく連絡し合ってやっているから二重行政なんかありませんが、それまで大阪市の歴史一三〇年の間、常に大阪府知事と大阪市長が張り合ってきたのが二重行政です」

要するに「オレたちなら話し合いで二重行政は解消できるけど、それ以外は無理」というわけだ。子供かよ。

詐欺パネルの数々

橋下および維新の会は確信犯である。それを如実に示すのが詐欺パネルの数々だ。まず最初にパネル❶を見てほしい。

これは「有効求人倍率の改善」の推移を示しているが、グラフの目盛りの幅に細工が施さ

パネル❶

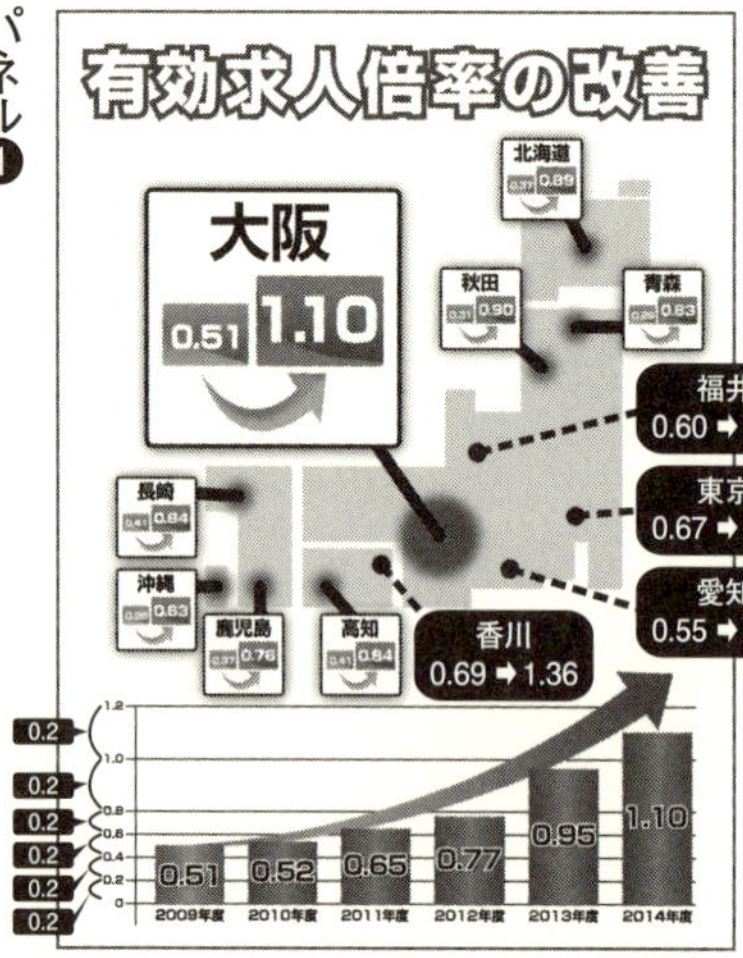

目盛のごまかしをし、都合のいいデータだけを載せている。

（元図：有効求人倍率の改善　大阪維新の会 HP より）

れている。大阪市民を騙すという明確な悪意がなければこうはならない。しかも東京や愛知、福井など数値が高いところを削除し、数値が低いところだけを比較対象にすることで、大阪の有効求人倍率が突出しているように見せかけている。香川も〇・六九から一・三六に急上昇しているが、こうした「事実」は完全に無視される。

パネル❷はグラフの一部を切り取る手法だ。

関淳一市政、平松邦夫市政において大阪市の借金は減り続けていたが、その部分は隠されている。さらにグラフの途中をカットし先端を拡大することで、橋下が借金を劇的に減らしたかの

パネル❷

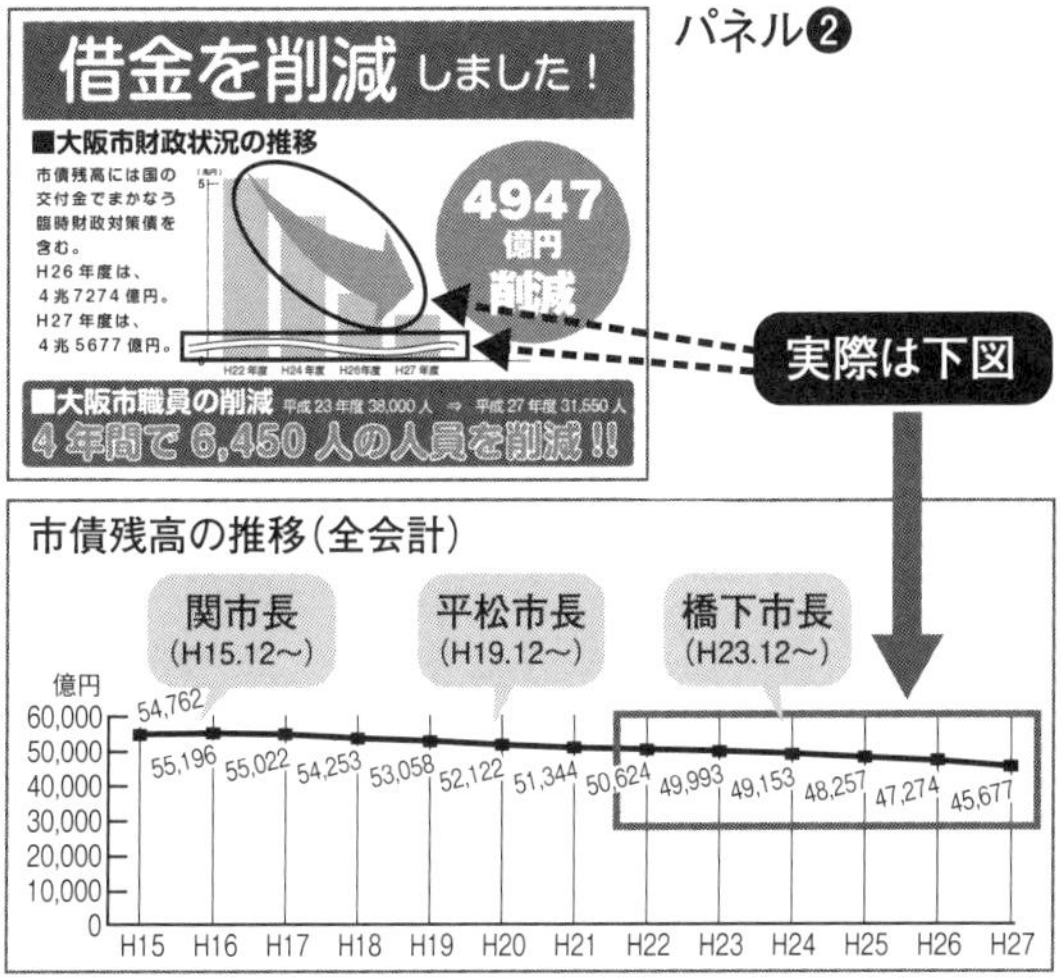

本当の推移はこちら。

（元図：借金を削減しました！　大阪維新の会HPより）

ような錯覚を与えるわけだ。

パネル❸も同様に目盛りの数値が細工されており、大きな矢印を棒グラフに被せることで「その他」の借金が一気に減ったかのように見せかけている。

公明党大阪市会議員の辻義隆は憤慨する。

「ある意味、橋下市長はＴＭに集まる維新の会の支持者までバカにしているんです。こうしたパネルを使うのは、典型的なプロパガンダの手法ですよ」

もっともＴＭや街頭演説では、グラフの細かい目盛りまで見えない。悪質なのは、学者や市民団体がこうしたパネルの細工を指摘しているにもかかわらず、維新の会のウェブサイトに堂々

パネル❸

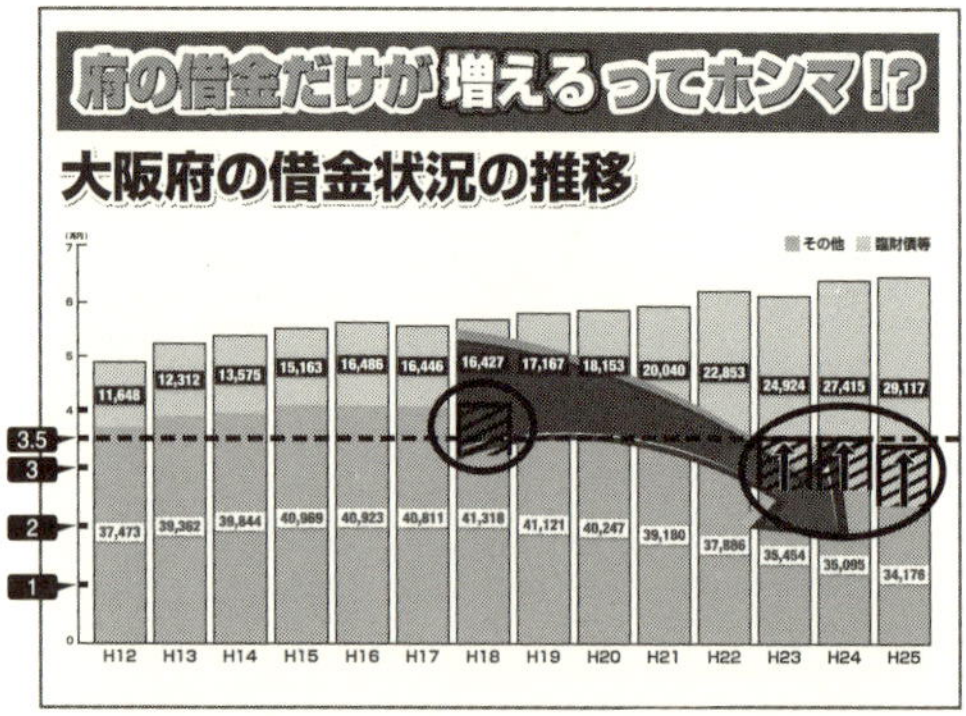

矢印の起点も終点も改竄し、棒グラフも改竄。

（元図：府の借金だけが増えるってホンマ!?　大阪維新の会 HP より）

と掲載し、使い続けていることだ。

「大衆は小さな嘘より大きな嘘の犠牲になりやすい。とりわけそれが何度も繰り返されたならば」

とヒトラーは述べている。橋下は「ウソをつかない奴は人間じゃねえよ」（『まっとう勝負！』）と述べているが、五月一七日の住民投票まで徹底的に嘘をつきとおす方針を固めたのだろう。

橋下は「無限」を繰り返す。

「大内先生は無限と言いましたけど、これは無限なんですよ」

「使えるお金がたまっていくんです。だから無限なんです」

「二重行政をやめて、税金の無駄遣いをやめれば、大阪市には税金が入ってくるんですか

パネル❹

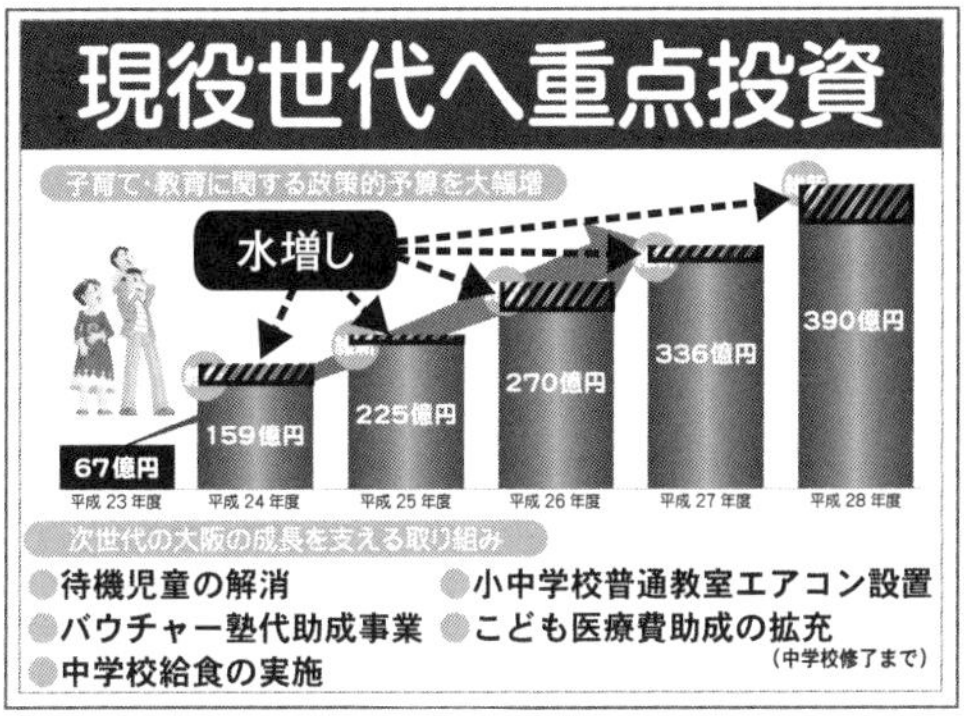

水増し棒グラフ。

（元図：現役世代へ重点投資　大阪維新の会HPより）

ら。だから使えるお金は無限」

無限エネルギーや永久機関のようなうまい話にはかならず裏がある。どんなに荒唐無稽な話でも、騙される人間が存在する限り、詐欺はなくならない。

パネル❹を見てみよう。

「大阪維新の会ができるまで、大阪市の教育予算てわずか六七億円ですよ」

「（小中学校は）お金がないといってクーラーつけてなくて、何をやったかというと平松さんはゴーヤとヘチマを植えたんですよ。それで涼しくしようとして」

聴衆が笑う。橋下の得意ネタである。

「もう小学校、中学校、クーラーつけましたよ。中学校は全部ついています。小学校はあと一年で全部つきます。それだけで二〇〇億か三〇〇億ぐらいお金かかりました」

また、橋下は子供にタブレット端末を配ったことを自画自賛する。

「まあ見事に子供教育予算を五倍に増やしました。今まで大阪維新の会以前では本当にできなかった」

これも大嘘である。棒グラフに細工が施されているのは他のパネル同様だが、そもそも、平成二三年度の六七億円という数字が嘘なのだ。

平松市政が行なわれていた平成二三年度のこども青少年費は一六八七億円、教育費は九八〇億二二〇〇万円である。平成二六年度の橋下市政では、こども青少年費が一七一三億一九〇〇万円、教育費が八四五億五六〇〇万円。つまり、橋下は一〇八億四七〇〇万円も予算を削っているのである。維新のパネルは「塾代助成」などを恣意的に取り出して作成したものにすぎない。

ちなみに、橋下がクーラーをつけたというのも嘘らしい。前出の辻議員が言う。

「あれは平松市政のときに公明党の漆原良光議員が質疑をして補正予算をつけたんです」

二重、三重、四重に嘘をついているので、橋下本人も自分が何を言っているのかわからなくなってきたのではないか。次に橋下は弁解を始めた。

「七〇歳以上の方は今まで地下鉄・バスが完全無料だった敬老パス、僕が変えました。年間三〇〇〇円と一回五〇円のご負担をいただきましたけれども、これはね、高齢化を迎えることの大阪において、完全無料はできません」

二〇一一年の大阪市長選で維新の会が撒いたビラにはこう書いてある。

「だまされないで下さい!!」

「大阪市をバラバラにはしません。」

「敬老パスはなくしません。」

騙しているのは一体どちらなのか？

さらに橋下は老人を恫喝。

「いろいろこういうところで話をすると、必ずただにしろという話になるんですが、もう説明するのが最近面倒くさくなってきたので、もうね、そういう方にはもう結構です。維新の会の応援要りません。共産党の応援に回ってくださいというふうに言うようにしているんです」

いつもの手法だ。自分を批判する人間にレッテルを貼り、印象操作を行なう。維新の会に批判的な田中誠太八尾市長に対しては、

「共産党とまで手を組み、悪魔に魂を売ってしまった」

「田中さんがこの世の中で嫌いな人物は松井一郎。わら人形を作って、たぶん五寸釘で打っ

ている と思う」

正常な人間の発言ではない。

橋下の嘘は続く。

「（反対派は）大阪市民の税金が大阪都に吸い上げられるというんです」

「皆さんは大阪市民でもあり、大阪府民でもあるんです。北朝鮮やアメリカに税金持っていかれるわけじゃないんですよ。皆さんが今までね、大阪市役所に預けていた税金を今度は大阪都庁のほうに預け直すと。仕事の担当者を変えるというだけなんです」

住民投票が通れば、大阪市から年間約二二〇〇億円の税金が確実に流出する。自民党大阪市会議員団政調会長の川嶋広稔がカラクリを説明する。

「当初、橋下市長は税金は流出しないと言っていた。しかし嘘が通用しなくなってきたので、途中からこのようなレトリックでごまかすようになったのです。しかし『新大阪都庁』に移った財源を『旧大阪市民』が自由に使えるわけがない。単に自主的な財源が失われるだけですよ」

橋下は言う。

「ところが自民党、民主党、公明党、共産党はこれを取られるという」

「今まで市議会議員がやっていた仕事、これが府議会議員に移るので、取られたと大騒ぎしているんです」

住之江区のTMでは市会議員が「都構想」に反対する理由は、大阪市立大学が大阪都立大学になれば、学長が市会議員のところに挨拶にこなくなるからだと主張していた。もう無茶苦茶だ。

「市会議員は既得権益を守りたいだけの守旧派」というデマを拡散することで、社会に蔓延する鬱憤、悪意、ルサンチマンを吸収し、「空気」を生み出していく。

橋下はラストスパートをかける。

「皆さんの住所も今のままです」と言った直後に、「ただ、皆さんはこれから湾岸区になります」と言う。

「東京は大東京としてどんどん発展していますけど、これは全部四〇年前、五〇年前の計画が今、花開いているんですよ」

「大阪の場合には大阪府と大阪市がばらばらで、四〇年、五〇年の計画が全然進んでおりません」

嘘である。一九八二年、府市合同で作った委員会で「大阪を中心とする鉄道網整備構想について」が策定され、これに基づき、両者が路線の整備を進めてきたのである。

パネル❺も話にならない。堺筋線は阪急で京都に、中央線は近鉄で奈良につながっている。

パネル❺

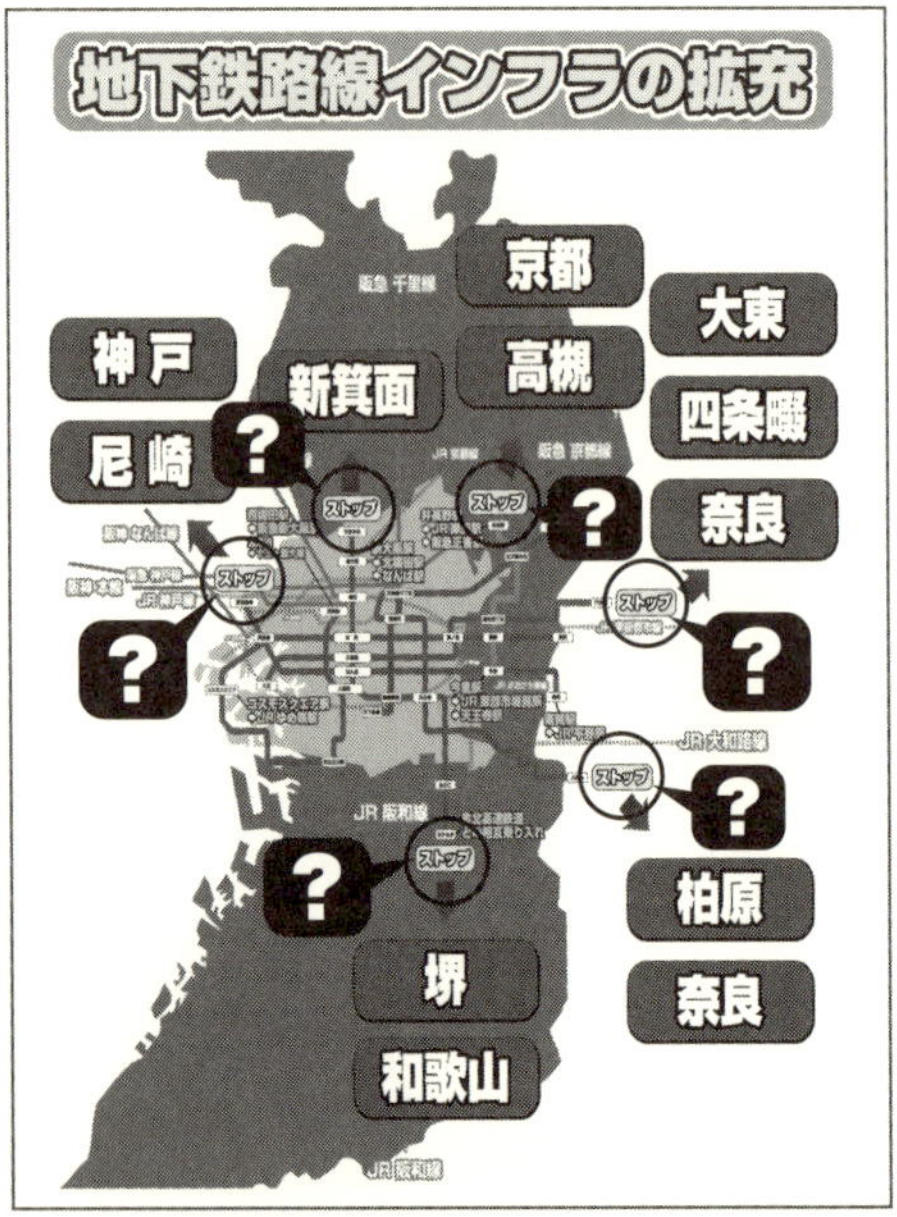

地下鉄のみであらゆる場所に行けるはずがない。
乗り換えなどをすれば、京都にも奈良にも行ける。

（元図：地下鉄路線インフラの拡充　大阪維新の会 HP より）

堺、八尾、門真など周辺自治体にもアクセスできる。新たな乗り入れができないのは技術的な問題だ。

最後には、大阪がニューヨーク、ロンドン、パリ、上海、バンコクと並ぶ大都市になるという話が再び登場し、維新の会の洗脳プログラムは終了した。

＊

橋下は詐欺師である。大阪「都構想」は戦後最大の詐欺である。

橋下が今一番恐れていることは「事実」を大阪市民に知られることである。だから現在、メディアや学者、ジャーナリストに圧力をかけ続けているのだ。

前市長の平松邦夫が憤る。

「ここまで橋下をのさばらせたのはメディアです。橋下の嫌がらせに屈し、言うべきことを言わなくなった。ジャーナリズムの矜持を失ってしまったのです」

現在、大阪で進行中の橋下および維新の会の運動は、全体主義そのものである。冒頭で紹介した世論調査では、橋下の説明を「不十分」とする人は七四・九%と、「十分」の一七・四%を大きく上回っている。ここから読み取れるのは、「都構想」の内容を理解していない

「賛成派」が大勢いるという事実である。

ナチスは狂気の集団としてではなく、市民社会の中から出現した。そして「ふわっとした民意」にうまく乗り、拡大していったのである。

現在、市民の代表が一度は否決した「特別区設置協定書」が、おかしな力により蘇り、住民投票にかけられる事態が発生している。そこに記載されていない事項の多くは、市長により決定されることになっている。つまりは白紙委任だ。

わが国の危機は目前に迫っている。

五月一七日の住民投票で問われているのは、橋下および維新の会という巨悪から、大阪市ひいてはわが国を防衛できるかどうかなのだ。（敬称略）

問題はなにも解決していない

以上が私が住民投票前に書いたルポである。

二〇一五年五月一七日、住民投票で反対票が賛成票を上回り「都構想」は無事否決された。しかし、問題はなにも解決していない。たとえば家に強盗が入ってきたとする。運よく追い返しドアを閉めたとしても、外にはまだ強盗はいるのである。

今やるべきことは、詐欺集団の全容を解明することだ。

背後でどのようなカネが動いたのか、誰が一番儲かる算段になっていたのか、それらをすべて明らかにしなければならない。

しかし、事態は悪い方向に進んでいる。

橋下は相変わらずの野放し状態。維新の会の公式のＨＰ、街頭演説、ＴＭ、在阪民放五局の大阪維新の会のＣＭ……ありとあらゆる場所で、橋下は連日のように「都構想の住民投票は一回しかやらない」「賛成多数にならなかった場合には都構想を断念する」と繰り返していたが、一一月二二日の大阪府知事、市長のダブル選挙で再び「都構想」を旗印に掲げるという。

政治学的に分析すれば、橋下らの運動は明らかに全体主義である。これを背後で支えていたのは総理官邸だった。わが国は現在極めて危ない状況にある。

「悪」の拡大は進行中なのだ。

どうすれば民主政治から自由を守れるのか

中野剛志

中野剛志（なかの・たけし）

1971年、神奈川県生まれ。評論家。東京大学教養学部卒業。エディンバラ大学より博士号取得（社会科学）。専門は経済ナショナリズム。著書に『TPP亡国論』（集英社新書）、『国力とは何か　経済ナショナリズムの理論と政策』（講談社現代新書）、『日本思想史新論』（ちくま新書）、『反・自由貿易論』（新潮新書）、『保守とは何だろうか』（NHK出版新書）など。

民主政治が生む独裁

二〇一五年五月一七日に実施された大阪市の住民投票の直後、産経新聞のあるコラムが、橋下徹大阪市長が「今の日本の政治に一番必要なものは独裁」と発言していたことに触れつつ、「本物の独裁者は、自ら「独裁」とは口にしない」などと書いていた(二〇一五年五月一九日付)。

このナイーブな発想は、民主政治に対する初歩的な無知から来るものである。

普通に考えてみればわかるはずなのだが、有権者の大多数が「独裁」を望むならば、「独裁」を公約した政治家が選挙を通じて権力の座に着き、本物の独裁者となるのである。実際、橋下市長は、あともう少しでそうなるところだった。

「民主政治」と言えば、文句なく良いものだと思う風潮が強いが、民主政治というものは、必ずしも独裁とは対立しない。むしろ民主政治が自ら進んで独裁を生むことはあるのである。民主政治というものは、極めて危なっかしいものだと強く認識し、警戒しなければならない。そうでなければ、民主政治はいとも簡単に独裁政治へと転落するであろう。

「独裁」と対立する政治概念は、「民主」よりもむしろ「自由」である。

「自由」とは、おおざっぱに言えば、自らの思想信条が尊重されることを意味する。したがって、「自由」民主政治においては、選挙によって多数派が勝利しても、少数派が主張を撤回する必要はない。いやむしろ、少数派が黙らざるを得なくなるようなら、「自由」が否定されたことになる。その時、民主政治は単なる多数派による「独裁」と化すのである。

自由民主党という党名にもあるように、自由と民主政治はセットで用いられることが多く、その違いについて注意が払われることは少ない。確かに「自由」で「民主的」な政治というものは可能ではある。しかしながら、他方で、「民主政治」が「自由」を排除することもあり得るのである。

「自由」も「民主政治」も、いずれも小学生でも知っていそうな基本的な政治概念であるが、実は、意外と正確には理解されていない。それは、橋下氏の一連の発言や、それを支持する知識人やジャーナリストたちの言論、あるいは世論に流布する政治を巡る俗説を検証してみれば分かる。

「自由」と「民主政治」の区別を正しく理解し、両者が微妙な関係にあることに注意を払うことは、自由を守り、民主政治を堕落から防ぐ上で、極めて重要なのである。そのことを大阪市の住民投票を巡る議論を題材にしつつ明らかにすることが、本稿の目的である。

自由民主政治とは何か

さて、「自由」民主政治における意志決定というものは、単純な多数決ではなく、多数派が少数派を尊重しつつ、両者で熟議を重ねることによってなされる。その熟議の場こそが「言論の府」たる議会である。

よく誤解されるのだが、議会とは、直接民主制が技術的に難しいから、その代替として設けられた便宜的な制度なのではない。議会とは議論の場を設け、「自由」を確保するための制度なのである。住民投票という手法は、しばしば「究極の民主主義」などと言ってもてはやされる。しかし、市議会での熟議を否定して、確かに「民主的」ではあるかもしれないが、「自由」民主的ではない。

橋下市長は、二〇一五年五月一七日の住民投票後の記者会見で「民主主義はすばらしい」などと持ち上げていたが、実は、彼は「自由」については否定していた。会見の冒頭からして、こうだ。

僕が提案した大阪都構想、市民のみなさまに受け入れられなかったということで、やっぱり間違ってたということになるのでしょうね。

確かに、住民投票の結果は反対が多数であった。しかし、都構想の「正否」は、投票結果には左右されないはずであろう。[*1] なぜなら、多数派が判断を間違えることはあり得るからである。

もっとも私個人は大阪都構想は間違いだと思うが、それはともかく、橋下氏が都構想は正しいと本当に信じていたならば、投票で負けて少数派になっても「都構想は間違ってはいない」と言い続けるべきであろう。しかし、彼は、投票で負けたから「間違っていた」のだと言う。つまり、「勝敗」と「正否」とを同一視しているのではないか。

「勝敗」だけならば投票数によって決めることもできようが、物事の「正否」は投票では決まらない。「正否」を明らかにしようとするならば、議論を尽くす以外にない。「住民投票で勝負はついたのだから、黙れ」といった調子で、少数派との議論を否定するのは、自由なき民主政治である。これこそが、まさに民主政治から生まれる独裁である。

実際、橋下市長は、記者会見の中で、こうも述べていた。

> 昨日の街頭演説では、完全に戦をしかけて「叩きつぶす」と言って、こちらが叩きつぶされたわけですから。本当にこの民主主義っていうのはすごいなと。

彼は、住民投票に勝利することで、反対派を「叩きつぶす」、つまり「弾圧」するつもりでいたのだろうか。

「弾圧」や「独裁」といった表現が誇張だと感じたとしたら、それは民主政治に対する無知によるものだと考えた方がよい。

独裁者による弾圧とは、民主政治においては、物理的な強制力の行使によって実行されるとは限らない。もっと巧妙に行われるのである。

そのことは、すでに一九世紀の思想家アレクシス・ド・トクヴィルが、民主政治論の古典的名著『アメリカの民主政治』の中で見出していた。

トクヴィルは言う。

アメリカでは、多数者は思想の周囲に恐るべき柵をめぐらしている。この限界内では

＊1　二〇一五年五月一七日の大阪市の住民投票が問うたのは、厳密に言えば、「大阪都構想」の是非ではなく、「大阪市の解体」の是非ではあるが、世論の大半はそのことを理解していなかった（藤井聡『大阪都構想が日本を破壊する』）。しかし、この厳密な区分は、本稿の趣旨とは直接的に関係がないので、敢えて区分をせずに論を進めていく。

著作者は自由であるが、その限界から外に出ようとすると彼に不幸がふりかかってくる。それは彼が火刑を恐れねばならないというのではない。けれども彼はその限界外に出ようとすると、いつでもあらゆる種類のいやがらせや迫害とたたかわねばならないのである。（中略）彼を非難する人々は、公然と自分たちの意見をのべる。そして彼と同じように考える人々は、彼のような勇気をもたずして、沈黙し、彼から離れ去ってしまう。彼は日々の努力を続けながらも譲歩し、ついには屈服して、本当のことをいったことを後悔しているかのように沈黙に陥ってしまう。

（A・トクヴィル『アメリカの民主政治（中）』講談社学術文庫、一八〇―一八一頁。傍点筆者）

橋下氏は、大阪都構想に反対する藤井聡京大教授を、記者会見やツイッターで連日罵倒したり、藤井氏を出演させたテレビ局に抗議文書を発出したりと、「あらゆる種類のいやがらせや迫害」を行った。これらはもちろん物理的な強制力を伴うものではない。しかし、これにより、たいていの者が「譲歩し、ついには屈服して、本当のことをいったことを後悔しているかのように沈黙に陥ってしまう」のである。つまり、民主政治においては、空気を支配することで言論を弾圧することができるのである。

もっとも、藤井教授自身は一向に黙ろうとはしなかったのだが、「彼と同じように考える人々は、彼のような勇気をもたずして、沈黙し、彼から離れ去ってしまう」という効果は相当あったのである。さらに恐るべきことに、橋下市長による言論弾圧は、言論、マスメディアあるいは国政の場においても、さして問題視されずに放置されていた。

これは実に、不可解なことである。

現職の大臣や地方自治体の首長、あるいは議員が不適切な発言を行うと、マスメディアはそれがどんなに些細なものであったとしても見逃さずに攻撃し、役職の辞任や議員辞職を求めてきた。最近でも、作家の百田尚樹氏が招かれた自民党内の勉強会において、百田氏が沖縄の新聞社を潰せと発言し、勉強会に参加した国会議員の中からも新聞社に対して圧力をかけるべきだといったような発言があった際、マスメディアは、これを言論弾圧だと言って激しく批判したものである。

ところが、これほどまでに正義感が強く、潔癖なはずのマスメディアが、橋下氏がツイッターや記者会見で、どんなに不適切な発言をしようと、あるいは大阪維新の会による言論弾圧の事実が明るみに出ようと、厳しく批判を続けようとはしないのである。マスメディアに登場するジャーナリストや知識人の多くも、同様である。

それどころか、橋下氏の政界引退宣言の後もなお、彼を「発信力がある」などとして評価し、その引退を惜しむ声が後を絶たない有様である。冒頭に紹介した産経新聞のコラムもその一つである。

他にも例えば、現代日本における代表的なジャーナリストで、政治討論番組の司会者としても有名な田原総一朗氏が、「私は橋下さんのようなキャラクターの人は政治家として非常に貴重だと考えている。橋下さんは一二月に大阪市長の任期が切れたら政界を引退すると表明したが、それには反対だ。何らかの形で政治家を続けてもらいたいと思う」と発言している。[*2]

いったい、この不可解な現象をどう理解すれば良いのだろうか。それを探っていくため、まずは田原氏の見解を分析することから始めよう。

もっとも、ここで問題にしたいのは田原氏個人の思想信条ではない。彼が披露した見解は、まさにマスメディアにおける政治言論の傾向を見事に要約するものであった。それゆえに、彼の言説は分析に値するのだ。もっとも、それは言い換えれば、田原氏の言説の中に彼固有の思想を期待することはできないということでもあるのだが。

進歩主義という病

さて、田原氏は、住民投票において大阪都構想が否決された理由の一つは、「政令指定都市であるがゆえの既得権益が失われることへの不安や不満」であり、特に高齢者にそれが強かったのだろうと分析している。その根拠として彼が挙げているのは、賛成の割合が二〇代と三〇代では六〇％を超え、六〇代までは五〇％を超えていたのに対して、七〇代は賛成がわずか三九％であったという投票結果である。

こうした分析を受けて、田原氏は次のような感想を漏らしている。

将来を担う若い世代が賛成したが、高齢者に反対されて、「大阪都構想」が実現しなかったのはとても残念だ。

このような分析と感想は、住民投票後、割と広がっていたように思われる。例えば、テレビ番組の司会者辛坊治郎氏が、同様の見解を披露していたように記憶している。

この見解ひとつだけでも、現代日本の民主政治が如何に歪んでいるかが実によく分かるというものである。

まず問題なのは、田原氏らが、高齢者よりも若い世代の政治判断の方をより尊重すべきで

＊2　http://www.nikkeibp.co.jp/atcl/column/15/100463/052000013/?rt=nocnt。以下、他の田原氏の発言も同じ。

あると考えている点である。若い世代が賛成し、高齢者が反対したものが実現しなかったことを惜しんでいるのだから、田原氏がそう考えているとみなして差し支えあるまい。

しかし、何を根拠にしたら、若い世代の政治判断をより尊重すべきであるなどと言えるのであろうか。

逆ならば分かる。肉体的な運動能力ならば、老人よりも若者の方が優れているのであろうが、善悪についての判断能力は一般的にはそうではない。とりわけ、政治判断というものは、人生経験の厚みが物を言う。より人生経験の豊富な成熟した高齢者の方が、より世間に通じるようになり、政治判断も信頼に足るものになるはずである。

「若気の至り」という言葉があるように、より若く経験の浅い者の判断や行動の方が一般的に言ってより未熟になる傾向があり、政治判断も幼稚なものになりがちである。参政権に年齢制限が課せられているのも、未熟な子供には高度な政治判断を下すのが難しいからであろう（もっとも、最近、その年齢制限は引き下げられたが）。

ところが現代の日本では、田原氏の見解のように、若者の判断をより先進的なものとみなし、重視するような傾向が顕著にあるのである。

若い方がよい。新しい方がよい。過去よりも現在、現在よりも未来の方が優れているはずだ。こういった根拠のない妄想を「進歩主義」と言う。

現代日本は、この進歩主義という妄想に取り憑かれている。だから、若者よりも年配者の政治判断の方が優れているという当たり前のことが理解されにくくなっているのである。

旧《ふる》いものを破壊し、新しいものを創造せよ。この進歩主義の典型は、細川護熙政権に始まり、小泉純一郎政権や民主党政権を経て今日に至る一連の構造改革である。しかし、進歩主義はここ二〇年に限った流行というわけではなく、戦後日本、いや近代日本の基調であった。

とりわけ、戦後日本の革新勢力、いわゆる「左翼」を代表する知識人たちは、かつて「進歩的文化人」と称された者が多かったことからもわかるように、典型的な進歩主義者である。進歩主義者は若さを好み、称える。若者の考えはより新しく、より新しい考えはより正しいと思いがちである。それが証拠に、憲法九条を守れといった運動を左翼が展開する際には、今でも、青少年をよく使うであろう。

だが、進歩主義は左翼に限られない。構造改革論者の政治家や知識人の多くは反左翼の立場をとるが、彼らもしばしば若さや新しさを強調する。「若手」を売りにする政治家や学者あるいは官僚の主張は、決まって構造改革論である。要するに、戦後日本は、右も左も進歩主義者ばかりだと言ってもよいであろう。

大阪都構想というのもまた、この戦後日本あるいは近代日本に掃いて捨てるほど出現してきた進歩主義の運動の一例に過ぎない。言い換えれば、大阪維新の会の進歩主義には何も新しいところはないということである。もっと皮肉なのは、七〇代の政治判断を残念がる進歩主義者の田原氏は、八〇を超えた高齢者だということだが。

シルバー・デモクラシーの意義

田原氏は、「将来を担う若い世代」が大阪都構想に賛成したと述べている。彼の発言の文脈から判断するに、その意味するところは、大阪の将来は、大阪の将来を担う若い世代が中心となって決めるべきだということなのであろう。

また、田原氏は、七〇代の高齢者が自分たちが受ける利益を損なわれるのを恐れて、都構想に反対したのだと批判している。老人たちが自分たちの目先の利益しか考えていないのが嘆かわしいというわけだ。

田原氏のこのような見解もまた、住民投票後の世論の雰囲気の中に濃厚にあったように思われる。高齢者の意見が結果を左右したとされる大阪市の住民投票を「シルバー・デモクラシー」などと揶揄する声も聴かれた。さすが田原氏は、世論に流れる空気を代弁するのに長けている。

しかし、こうした世代間の利害対立を強調する議論もまた、ずいぶんと問題の多い代物である。

考えてもみよ。現在、二〇代の世代が五〇年後の「将来」を担う時、彼らは七〇代の高齢者である。三〇代であれば、四〇年後の「将来」には七〇代になる。

そうであるならば、「将来」を担う二〇～三〇代の世代は、四〇～五〇年後の「将来」、すなわち自分たちが七〇代の高齢者になったときのことまで長期的に考えて、高齢者に不利益となる大阪都構想に反対すべきなのである。「将来を担う世代」が「将来」のことを考えるということは、本来であれば、そういうことのはずだ。

しかし実際には、二〇～三〇代の若い世代の半数以上が大阪都構想に賛成したのだという。そうだとするならば、それは彼らが、自分たちが担う「将来」にまで考えが及んでいなかったということだ。まさに、若者の政治判断の未熟さがここにも表れている。

これに対して、現在、七〇代の高齢者の多くは、大阪都構想に反対した。それは確かに、自分たちの現在の利益のことを考えた結果なのかもしれない。しかし、彼らが考えた「高齢者の利益」とは、彼らの現在の利益であると同時に、二〇～三〇代の若者の四〇～五〇年後の将来の利益でもあるのである。

もちろん、七〇代の老人たちの多くが、若者の四〇～五〇年後の将来のことまで考えて投票行動をとったというわけではないのかもしれない。しかし、結果としては、七〇代の高齢者たちの反対票は、二〇～三〇代の若者の四〇～五〇年後の将来の利益を守ることになっているのである。そう考えると、将来を担う若い世代の判断が「将来」を決めるべきだという一見もっともらしい議論の誤謬がはっきりと分かるであろう。

「世代」間の利害対立は、「階級」間の利害対立とは性格が根本的に違う。資本家階級が将来にわたって資本家階級であり続けたり、労働者階級がずっと労働者階級のままでとどまっていたりすることがあっても、何もおかしくはない。しかし、若い世代は、いつまでも若い世代でいるわけではない。いずれ老いた世代になるのである。だから、「世代」間の利害対立を階級間と同じような調子で語るのは、まったく馬鹿げた話なのである。

ところが、こんな馬鹿馬鹿しい議論が、世間では、まことしやかに流布していたのだ。

対案を出せ？

さて、田原氏は、住民投票の結果を分析した後、次のように総括する。

橋下さんは「負けは負け」と語ったが、では勝ったのはいったい誰なのか。私は「勝者はいない」と思う。大阪市の住民投票は「勝者なき戦い」だった。

なぜ、反対票を投じた人々は、勝者とは言えないというのか。それは「橋下さんは大阪を変えようとして、大阪都構想のメリットを主張した」のに対して、反対派は、「橋下構想の対案を持っていたわけではない」からだと田原氏は言うのである。

そして田原氏は、その根拠として、反対にまわった自民党、民主党そして共産党までもが共に手を組んだことを挙げる。「自民党と共産党が共闘するとは考えられないことで、いかに政策が何もないかを物語っている。（中略）自民、民主、共産の共闘は、「橋下案に反対」という点だけで一致したのである」

橋下氏は大阪都構想という改革の提案をしたが、反対派は改革に反対しただけで、対案を示していない。したがって、現状の大阪が抱える問題は何も解決されない。だから「勝者はいない」というわけだ。

対案なき反対派は、勝者ではない。反対するならば、対案を示せ。このような言説もまた、これまでうんざりするほど聞かされてきた。改革派が、みずからの改革の提案に反対する者に対して必ず浴びせてきた批判が、この「対案がない」というものだ。

しかし、このような議論もまた、少し考えてみれば、まったく意味不明であることが分かるだろう。

第一に、確認しておくべきは、少なくとも大阪市の住民投票に限って言えば、反対票を投じた人々に対案を求めるのは、お門違いだということだ。なぜなら、そもそも住民投票の目的は、橋下市長の提案に対する賛否を問うことであり、大阪都構想の対案を出す機会が与えられたわけではないからだ。大阪市民には「賛」と「否」の二つしか、選択肢として示されていなかったのである。それで「否」を選択した者に対し、「対案を示せ」などと迫るのは、言いがかり以外の何物でもない。

対案が出ることを望むのであるならば、それにふさわしい場は、「賛」か「否」かの二者択一の意思表示しかできない住民投票ではなく、市議会であろう。反対派に対案を示してほしいのであれば、そもそも住民投票に諮ってはいけないのだ。実際、大阪市議会ではすでに大阪都構想を巡って何度も審議を行っており、都構想の協定書について否決という結果も出している。その市議会で否決されたはずの案を住民投票にかけ、市民に賛否の二択を迫ったのは橋下市長の側である。

第二に、大阪市の住民投票に限らず、一般論として、ある提案に反対する者が、どうして「対案」を示さなければならないのか、まったくもって意味不明である。

反対派が対案を示さないと、改革派は決まって、「では、現状のままでよいというのか」などと迫るのが常だ。田原氏も、「橋下さんの大阪都構想は敗北したが、実は、大阪市の問題は何も解決していない。大阪の「地盤沈下」を何とかしなくてはならないからだ」と述べている。

しかし、これも常識で考えてもらいたい。大阪都構想の反対派は、もちろん現状に何の問題もないと考えているわけではなく、大阪の地盤沈下を望んでいるわけでもない。ただ、反対派は、大阪都構想という改革案は、大阪を現状より悪化させ、大阪の地盤沈下をかえって深刻化させかねないと考えているのである。現状を悪化させるような提案に反対するのに、なぜわざわざ「対案」を出す必要があるのだろうか。

私自身、かつてTPP（環太平洋経済連携協定）の交渉参加に反対した際、「反対するならば、TPPの対案を出せ」などと、（反論とも言えない）反論をしばしば受けてきた経験がある。こういった議論の馬鹿馬鹿しさについて、私はあるテレビ番組で、次のようなたとえ話を述べた。

麻薬常習者に対して「麻薬は体に悪いから止めろ」と言ったところ、その麻薬常習者は「反対するなら、麻薬の他に気持ちがよくなる対案を出せ」と言い返されたとしたら、「そんな対案は出せないから、麻薬の使用に反対できない」と引き下がるのか？　麻薬の使用という悪事を止めさせるのに、いちいち対案がないといけないのか、と。

田原氏は、大阪都構想の反対に関して「自民党と共産党が共闘するとは考えられないこと」であり、両党は反対だけで一致したに過ぎないなどと批判するが、一体その何が問題なのか私には分からない。確かに自民党と共産党が共闘するという常識では考えられないことが起きた。しかし、それは、大阪都構想というものが自民党と共産党が反対で一致するほど、つまりそれだけ酷いものだったということの証左なのではないのか。

以上のように、田原氏による橋下氏の評価や大阪市の住民投票についての分析は、常識で考えれば、まったく受け入れがたいものばかりなのである。しかし、すでに述べたように、田原氏は、マスメディアを通じて流れてくる世論や風潮をうまく代弁しているに過ぎない。田原氏個人の思想が間違っているというよりは、現代日本の世論や風潮がおかしいと考えるべきなのである。

田原氏の議論の分析を通じて明らかになった問題とは、常識で考えればおかしいことも、世論では一応の見識として通用してしまうということである。現代日本人は、もはや常識を見失ない、まともに思考したり、議論したりすることができなくなりつつあるのではないだろうか。

ところで、大阪市の住民投票をめぐっては、自民党大阪府連（大阪府支部連合会）は大阪都構想に反対したが、安倍晋三首相や菅義偉官房長官をはじめとする自民党本部の幹部たちは大阪都構想に理解を示すという現象が起きた。これについて、田原氏は「そこには憲法改正問題がからんでいる」と分析している。

安倍首相が憲法改正を行うためには、改正賛成派が三分の二の議席を確保する必要があるが、そのためには自民、公明に加えて、維新の党の協力が必要になる。自民党幹部が大阪都構想に理解を示していたのはそうした事情があるためだと田原氏は推測するのである。

真偽のほどは定かではないが、もし田原氏の推測の通りだとするならば、我が国の政治も病膏肓《こうこう》に入《い》ると言わざるを得ない。

そもそも、憲法の最も基本的な役割とは、国家権力を制限し、自由を保障することにあるのだが、民主国家においては、国家権力は民主権力である。したがって、民主国家において憲法が制限する対象は、民主権力となる。というのも、すでに述べたように、民主権力は独裁権力へと堕し、自由を侵害しかねないからである。

要するに、本来、憲法というものは、言わば橋下市長のような政治家が現れないようにするための制度だと言うべきなのである。その憲法を改正するのに、橋下市長の手を借りる必要があるというのだとしたら、これは冗談にしても性質が悪すぎるであろう。

日本の民主政治が陥っている闇は、ここまで深いということである。

小林秀雄の洞察

マスメディアにコメンテーターとして重宝されている脳科学者の茂木健一郎氏もまた、政治家としての橋下氏に対する期待を表明して憚らない知識人の一人である。彼の言説も日本の民主政治が陥っている闇の深さを測るのに都合がよい題材であるので、分析を施しておこう。

茂木氏は、住民投票後の記者会見での橋下氏の言動について「さわやかだ」などとコメントしていた。すでに述べた通り、橋下氏の記者会見は自由を否定する戦慄すべき思想の表明なのだが、この人はそれをさわやかと感じるセンスの持ち主らしい。

この「さわやか」というのは、茂木氏が橋下氏の政治手法を評する際のキーワードであるようである。橋下氏の人気が絶頂にあった二〇一二年、茂木氏は、橋下氏とは個別の政策で意見を異にするが、「しかし、橋下さんの場合、なぜか、意見が相違してもさわやかなのです」[*3]などと述べている。

この茂木氏は、小林秀雄のことも手放しで礼賛している。意見が相違する論敵を橋下氏が執拗に罵倒するのを見て「さわやか」だと感じるのは、茂木氏個人の嗜好の問題に過ぎないと片づけることもできる。しかし、橋下氏を絶賛するような感性が小林秀雄を評価するというのは、看過できない。それは、小林秀雄という批評家の理解にかかわる問題だからである。茂木氏が知っているのかどうかは分からないが、小林は、昭和三五年に発表した「ヒットラーと悪魔」という随筆の中で、政治というものの本質に迫ったうえで、独裁という政治手法を強く批判しているのである。

『わが闘争』を読み終わった小林は、ヒットラーについて、こう見抜いている。

彼は、死んでも嘘ばかりついてやると固く決意し、これを実行した男だ。つまり、通常の政治家には、思いも及ばぬ完全な意味で、プロパガンダを遂行した男だ。

（「ヒットラーと悪魔」）

この「死んでも嘘ばかりついてやると固く決意し、これを実行した男」というヒットラー評を、橋下氏の言説と比べて見よ。彼は自著『まっとう勝負！』でこう述べているのである（『まっとう勝負！』というタイトルが『わが闘争』に似ていることにも注意を払っておこう）。

＊3　茂木健一郎「世界を戦いの舞台に」『文藝春秋』平成二四年六月号

政治家を志すっちゅうのは、権力欲、名誉欲の最高峰だよ。（中略）自分の権力欲、名誉欲を達成する手段として、嫌々国民のため、お国のために奉仕しなければならないわけよ。（中略）別に政治家を志す動機づけが権力欲や名誉欲でもいいじゃないか！（中略）ウソをつけない奴は政治家と弁護士にはなれないよ！　ウソつきは政治家と弁護士の始まりなのっ！

（『まっとう勝負』）

橋下氏は住民投票の記者会見で、「戦をしかけて」と発言していた。「まあこれだけのたいそうなケンカを仕掛けてですね、負けたのに命取られないっていう、本当に日本はすばらしい政治体制だなって思いますね」などとも述べていた。民主政治とは、命のやり取りをしない「戦」「ケンカ」だという理解である。彼は政治というものを、正しいか間違っているかではなく、勝ちか負けかでしか見ていない。もっとも、政治をそのようにしか見ていない日本人は少なくないのであろうが。

しかし、それこそがヒットラーの政治理解だったのである。小林秀雄はこう書いている。

人性は獣的であり、人生は争いである。そう、彼は確信した。従って、政治の構造は、勝ったものと負けたものとの関係にしかあり得ない。

（「ヒットラーと悪魔」）

もっとも、ヒットラーは、突撃隊を組織して物理的な暴力に訴えたが、橋下氏はさすがにそこまではやっていない。橋下氏をヒットラーになぞらえて恐れるのは、臆病な過剰反応だと嘲笑されるかもしれない。

しかし、あのヒットラーも、最初は侮られていたのである。

専門的政治家達は、準備時代のヒットラーを、無智なプロパガンディストと見なして、高を括っていた。言ってみれば、彼等に無智と映ったものこそ、実はヒットラーの確信そのものであった。少くとも彼等は、プロパガンダのヒットラー的な意味を間違えていた。彼はプロパガンダを、単に政治の一手段と解したのではなかった。彼には、言葉の意味などというものが、全く興味がなかったのである。プロパガンダの力としてしか、凡そ言葉というものを信用しなかった。これは殆ど信じ難い事だが、私はそう信じている。

（「ヒットラーと悪魔」）

橋下氏が政界に進出したきっかけは何であったのかを思い出してみよ。彼を大阪府知事候補に推薦したのは自民党と公明党である。その時、自民党や公明党の「専門的政治家達」は、彼を単なる軽薄なテレビタレントとみなして、高を括っていたのである。橋下氏のタレントとしての知名度を利用してやれと、その程度にしか考えていなかったのであろう。

ところが、その後、自民党や公明党の専門的政治家達は、自分たちが利用しようとしていた橋下氏に裏切られ、引っ掻き回され、終には住民投票によって土俵際にまで追いつめられるに至ったのである。

大衆は自由が嫌いだ

既存政党と対立した橋下氏が、「ふわっとした民意」と彼が呼ぶものの支持を得ようと努めていたことはよく知られている。この「ふわっとした民意」という言葉は、大衆世論の移ろいやすさをうまく表現している。橋下氏は、自分の支持層が確固たる思想信条をもっていないことをよく自覚していたのである。

「ふわっとした民意」をつかむとは、どういうことか。次の引用中「彼」とあるのを橋下氏に読み替えれば、その答えが分かるだろう。

間違ってばかりいる大衆の小さな意識的な判断などは、彼に問題ではなかった。大衆

晶文社　愛読者カード

お名前《ふりがな》　　　　　　　　　（　　歳）　ご職業

ご住所　　　　　　　　　　　〒

Ｅメールアドレス

お買上げの本の
書　　　名

本書に関するご感想、今後の小社出版物についてのご希望などお聞かせください。

ホームページなどでご紹介させていただく場合があります。（諾・否）

お求めの書店名		ご購読新聞名	

お求めの動機	広告を見て （新聞・雑誌名）	書評を見て （新聞・雑誌名）	書店で実物を見て 晶文社ホームページ〃	その他

ご購読、およびアンケートのご協力ありがとうございます。今後の参考にさせていただきます。

郵 便 は が き

恐れ入りますが、52円切手をお貼りください

101-0051

東京都千代田区
神田神保町 1−11

晶 文 社 行

◇購入申込書◇

ご注文がある場合にのみご記入下さい。

■お近くの書店にご注文下さい。
■お近くに書店がない場合は、この申込書にて直接小社へお申込み下さい。
送料は代金引き換えで、1500円(税込)以上のお買い上げで一回210円になります。

宅配ですので、電話番号は必ずご記入下さい。
※1500円(税込)以下の場合は、送料300円(税込)がかかります。

(書名)	¥	(　　)部
(書名)	¥	(　　)部
(書名)	¥	(　　)部

ご氏名　　　　　　　　　　　　　㊞　　TEL.

ご住所 〒

の広大な無意識界を捕えて、これを動かすのが問題であった。人間は侮辱されたら怒るものだ、などと考えているのは浅薄な心理学に過ぎぬ。その点、個人の心理も群衆の心理も変りはしない。本当を言えば、大衆は侮辱されたがっている。支配されたがっている。獣物達にとって、他に勝とうとする邪念ほど強いものはない。それなら、勝つ見込みがない者が、勝つ見込みのある者に、どうして屈従し味方しない筈があるか。大衆は理論を好まぬ。自由はもっと嫌いだ。何も彼も君自身の自由な判断、自由な選択にまかすと言われれば、そんな厄介な重荷に誰が堪えられよう。

（「ヒットラーと悪魔」）

「大衆の広大な無意識界」こそ、橋下氏が「ふわっとした民意」と呼んだものに他ならない。橋下氏はツイッターや記者会見などで、市長にふさわしいとは到底言えない下品で攻撃的な暴言を連発してきた。普通であれば、市民は、市を代表する市長が暴言を繰り返せば、これを恥じ、市長に対して怒りを覚えそうなものである。

しかし、橋下氏は本能的に知っていたに違いない。「人間は侮辱されたら怒るものだ、などと考えているのは浅薄な心理学に過ぎぬ」「本当を言えば、大衆は侮辱されたがっている。支配されたがっている」ということを。

橋下氏が掲げる「大阪都構想」について、その中身が空疎であるとか、矛盾があるとか批判することは、ほとんど無意味である。橋下氏が支持を得ようとしている「ふわっとした民意」とは、「理論を好まぬ。自由はもっと嫌い」なのである。自分自身の自由な判断や自由な選択の重荷に堪えられない大衆に向かって、大阪都構想の中身を説いたところで、時間の無駄であろう。それどころか、自由な判断や選択を求めれば求めるほど、大衆の支持は離れていくだろう。

既存政党の政治家や大学教授達がいくら大阪都構想の矛盾や問題点を指摘しても、まったく気にする必要はない。彼らは、大衆が自由な議論や自主的な判断を好まないということを見損なっているのである。彼らが論理で批判すればするほど、うんざりした大衆は、かえって橋下支持へと走るであろう。

大阪都構想の中身など、問題ではない。では、橋下氏にとって、大阪都構想の狙いはどこにあるのか。それは、大衆を動員するプロパガンダの力にある。だから、住民投票での否決をもって、大阪都構想は「やっぱり間違っていた」などと平然と発言できるのである。つまり、大阪都構想が「間違っていた」と橋下氏が言ったのは、多数派を動かす「プロパガンダ」として役に立たなかったという意味なのだ。

小林秀雄は、ヒットラーを代弁して、こう書いている。

大衆が、信じられぬほどの健忘症である事も忘れてはならない。プロパガンダというものは、何度も何度も繰り返さねばならぬ。それも、紋切型の文句で、耳にたこが出来るほど言わねばならぬ。但し、大衆の眼を、特定の敵に集中させて置いての上でだ。

これにには忍耐が要るが、大衆は、政治家が忍耐しているとは受け取らぬ。そこに、敵に対して一歩も譲らぬ不屈の精神を読みとってくれる。（「ヒットラーと悪魔」）

橋下氏もまた、大阪市役所、大阪市議会、自民党、公明党、朝日新聞、あるいは藤井教授といった「特定の敵に大衆の眼を集中」させ、忍耐強く、「都構想」「改革」を連呼した。その結果、どうなったか。そこに「敵に対して一歩も譲らぬ不屈の精神を読みとって」、住民投票で賛成票を投じた大衆が、投票数の半分近くにまで達したのである。

独裁を防ぐ多元主義

茂木健一郎氏も、橋下氏から「敵に対して一歩も譲らぬ不屈の精神を読みとって」いるのであろう。橋下氏の手法は日本の政治の意思決定に「イノベーション」をもたらした、と茂木氏は手放しで称賛する。「迅速に意思決定する。そして、どんなに反対意見があっても、ぶれない。自分の意見を言い切って、それを貫く。このような橋下さんのスタイルは、長い間「腹芸」ばかり見てきた日本の一般国民に、新鮮に映っています」[*4]

迅速に意思決定をし、ぶれずに自分の意見を貫く。これは、言論の府で熟議を重ねてなどいては到底不可能である。どんな反対意見があったとしても、それを受け入れないで自分の意見を貫くには、自由を否定することが必要である。

恐るべきことに、茂木氏が「意思決定のイノベーション」などと礼賛している橋下氏の手法は、独裁そのものなのである。しかも、その手法は、橋下氏のイノベーションなどではない。ナチス・ドイツもやっていた古典的な意思決定方法に過ぎない。

では、橋下氏が「イノベーション」とやらをもたらす前の日本の政治の意思決定とは、どのようなものであったのか。茂木氏は、次のように言う。

> 前例を踏襲し、根回しをして、あうんの呼吸で「落としどころ」を探していく。このような日本独特の合意形成のメカニズムは、社会のさまざまがうまく行っている時には良かったものの、今日のような停滞期には、事態を悪化させるだけです。[*5]

このような類の日本政治論も、これまで飽きるほど聞かされてきたものである。

一九九〇年代に盛り上がった政治改革や行政改革は、茂木氏が言うような従来型の日本の政治を抜本的に改革するという触れ込みによって、大衆の圧倒的な支持を得ていた。そして、小選挙区制の導入や官邸機能の強化などの改革が進められてきた。しかし、その結果は周知のとおり、官邸と党の執行部に権限が集中し、党内や政府内における意見の多様性や自由が制限されることとなったのである。改革の結果、より独裁色が強まったということだ。しかし、世論はその独裁色を「政治のリーダーシップ」「政治主導」あるいは「決める政治」などといって歓迎してきた。橋下氏は、こうした民主政治が独裁へと堕落していく傾向を極端に推し進めようとしているに過ぎない。

そもそも、「前例を踏襲し、根回しをして、あうんの呼吸で「落としどころ」を探していく」のを「日本独特の合意形成のメカニズム」とみなす茂木氏の日本政治論は、根本的な間違いを犯している。

現代の自由民主政治は、社会の複雑化に伴う利害関係の多様化を背景に、多様な社会集団が存在し、その主要なものが他の社会集団や政府との間で利害調整を行いながら、政策を決

＊4　茂木健一郎「世界を戦いの舞台に」『文藝春秋』平成二四年六月号
＊5　茂木健一郎「世界を戦いの舞台に」『文藝春秋』平成二四年六月号

定するというのが一般的となっている。こうした政治システムは、政治学の用語では「多元主義（pluralism）」「多元的民主政治（pluralist democracy）」と呼ぶが、それは、日本に独特のものではない。先進国の自由民主政治は、基本的にはいずれも多元主義である。

もちろん、各国の歴史や文化を反映して、その国固有の多元的民主政治が行われているのではあるが、「前例を踏襲し、根回しをして、あうんの呼吸で「落としどころ」を探していく」ようなことは、どこの自由民主国家でも多かれ少なかれ行われているのである。

茂木氏が「今日のような停滞期には、事態を悪化させるだけ」と批判しているのは、「日本独特」ではなく、「自由民主政治独特」の合意形成のメカニズムだったのである。彼は自分では気づいていないのであろうが、自由民主政治を否定しているのだ。

多元主義の要諦は、国家権力と個人との間に多様な集団を「中間団体」として存在させ、その中間団体の内部における熟議や、中間団体の間での調整を通じて政治的な意思決定を行うことにより、意見の多様性を極力確保することで自由を守り、独裁的な政治権力の出現を抑止するところにある。

このような多元主義の思想的淵源の一つは、またしてもアレクシス・ド・トクヴィルである。トクヴィルは一九世紀のアメリカの民主政治を観察して、民主政治には「多数者の専制」へと堕落する危険性が強くあることを見抜いた。民主的な多数決から、少数意見を圧殺する独裁権力が発生するのである。

同時にトクヴィルは、アメリカの民主政治には、独裁政治へと堕落するのを防ぐ制度や慣習があることにも気づいた。そのような制度や慣習の一つが、多様な共同体や社会集団といった「中間団体」だったのである。

このトクヴィルの多元主義に関する洞察は、自由主義や民主政治を論じる現代の理論家や政治哲学者たちにも引き継がれている。これは、自由民主政治を語る上では不可欠の思想の伝統と言ってもよい。

地域振興会の意義

トクヴィル以来の伝統をもつ多元民主政治の理論の観点から、橋下氏の政治手法を分析すると、極めて興味深いことが明らかになる。

大阪には、「地域振興会」という独特の自治会組織がある。地域振興会は、敗戦後に赤十字が災害救助や弱者救済を目的につくった「大阪市赤十字奉仕団」を母体とし、昭和五〇年に大阪市が行政の手足として使うために結成したという歴史をもつ。地域振興会は町ごとに組織され、大阪市内に四〇五七の会が存在し、七割の世帯が加入しているという。その自治活動は、盆踊り、交通安全大会、成人式、災害時の救助訓練、独居老人や寝たきり老人のケアなど、多岐に及んでいる。[*6]

こうして見ると、地域振興会とは、まさにトクヴィル的な多元主義の政治モデルに適合した「中間団体」の典型であることが分かる。地域振興会とは、自由民主政治を健全に機能させ、独裁政治へと堕落するのを防ぐ存在なのである。

だとすると、橋下氏が地域振興会を敵視し、これを潰そうとしたのも容易に理解できるだろう。中間団体は、独裁を確立する上での障害となるからだ。

大阪市の地域振興会は、二〇一一年の大阪市長選において橋下氏ではなく、現職の平松邦夫氏を応援した。また、住民投票においても、大阪都構想への反対を表明した。橋下氏が目指した政治が独裁であるならば、地域振興会のこの政治行動は、まさにトクヴィルの多元主義を立証したようなものである。

トクヴィルは、『アメリカの民主政治』の中で、アメリカの共同体における政治的な慣習が、行政権力の集中を防いでいるという点にも着目している。そのような共同体の慣習の一つが、「タウンミーティング」である。タウンミーティングとは、アメリカの地方自治体の行政を担うべく選任される行政委員達が招集する集会であり、市民の政治参加の場である。

ところで大阪維新の会は、住民投票で勝利するため、大阪都構想についての住民説明会を各地で開催したが、皮肉なことに、その住民説明会は「タウンミーティング」と呼ばれていた。

実際に大阪維新の会のタウンミーティングに参加した適菜収氏の報告によれば、その場に出てきた橋下氏は、次のように発言したという。

皆さん、大阪都構想というのは、もう立場の違いの話です。自分はどっちの立場につくのかという話で、細かなメリット、デメリットの話ではありません。

ここで立場が違うんだから、話し合ったってしようがないわけですよ。

ここでも橋下氏は、例によって「正か否か」ではなく「勝ちか負けか」を問う姿勢で臨んでいる。タウンミーティングは、話し合いの場として位置づけられてはいないのである。

さらに、タウンミーティングにおける橋下氏のスピーチは、「その場では検証できない数値や嘘を積み重ねていくので、ある程度の教育を受けた人でも事前に情報や知識がなければ騙されてしまう」という巧妙なものであり、催眠商法のようなものであったと適菜氏は証言

＊6　藤吉雅春「橋下徹が『総理』になる日」『文藝春秋』平成二四年六月号

している。[*7]

　このような会合に、大阪維新の会は「タウンミーティング」という名を冠したというわけである。もちろん、トクヴィルについて知った上でやったわけではないだろうが。

　自由民主政治とは、多元的な中間団体の間で根回しを重ね、「あうんの呼吸で「落としどころ」を探していく」ことも必要とする意思決定過程なのである。しかし、そのような多元的民主政治が、日本において崩れだしたようである。この点について、社会運動家の湯浅誠氏は、実に的確に述べている。

湯浅　「競争」と並んで、橋下氏がよく口にする言葉に「グレート・リセット」があります。私は、ここに橋下さんのガラガラポンへの誘惑、焼け跡願望を濃厚に感じる。これまでのしがらみ、複雑な利害関係でどうにもならなくなった行政システムをリセットして、あとはシンプルな競争原理でいきたい、というモデルです。これは今の社会全体に漂う空気でもある。人々が多様な利害調整にしびれを切らしてしまって、とにかく決めてくれ、もう内容も問わない、というのが橋下現象なのではないか。

　しかし、人間というものが複雑なものである以上、その厄介さから逃れることはできない。(中略)やはり複雑でうんざりするような調整を経て、望ましい姿に変えていくほかない。[*8]

ここで湯浅氏は、まさに多元主義について語っているのである。

そもそも自由民主政治というものは「複雑でうんざりするような調整」なのであって、それに我慢できないというような大衆には、自由民主政治は無理だということだ。湯浅氏自身が、その「複雑でうんざりするような調整」を実践している社会運動家であることを考えると、彼の言葉はいっそう強い説得力をもって響く。

湯浅氏は、「人々が多様な利害調整にしびれを切らしてしまって、とにかく決めてくれ、もう内容も問わない、というのが橋下現象」だと指摘しているが、これもその通りであろう。自由民主政治が求める複雑でうんざりするような調整から解放されたいというのは、大衆の願望である。それは、まさに独裁政治を大衆が積極的に求めているということである。冒頭に紹介した「本物の独裁者は、自ら「独裁」とは口にしない」などという認識のナイーブさが、改めて実感できるであろう。

＊7　適菜収「これぞ戦後最大の詐欺である」『新潮45』二〇一五年五月号
＊8　御厨貴、福田和也、湯浅誠「平成『世直し一揆』は成功するか」『文藝春秋』平成二四年六月号

議論とは何か

茂木氏が橋下氏を「さわやか」と評したがる理由も、この自由民主政治の性質と密接に関係しているように思われる。要するに、自由民主政治という「複雑でうんざりするような調整」を消し去り、すっきりと単純化してくれるから、「さわやか」だと感じるのである。ただし、その「さわやか」な政治家は、自由主義者では決してない。自由とは、決して「さわやか」なものではないのだ。

よく知られているように、テレビなどの討論会に出演する橋下氏は、きわめて饒舌である。そして、論戦に強いということは、橋下氏の人気の源泉のひとつとなっている。

茂木氏もまた、橋下氏の論客としての側面を高く評価し、同様の論客がほかにも登場することを期待しつつ、こう述べている。「橋下さんのようなスピード感やロジックを身につけることはなかなか難しいにしても、ストロング・ファイトを得意とする者たちの「バトル・ロワイヤル状態」にならなければ、なかなか全体として最適な解は見つからない。」[*9]

もはや引用するのもうんざりしてくるが、「ストロング・ファイト」だの「バトル・ロワイヤル状態」だのといった子供じみた暴力的な表現に端的に示されているように、茂木氏が期待しているのもやはり、「正しさ」や「真理」あるいは「了解」に至るための熟議ではなく、「勝ち負け」を争うだけの「戦」であり「ケンカ」なのである。茂木氏は、橋下氏の政治観や言論観を完全に共有している。二人は、同じ類の人間である。

橋下氏は、自分に批判的な論者が現れると、すぐに公開討論を申し込んでみせる。論戦には相当の自信があるのであろう。次の引用もまた、小林秀雄による『我が闘争』の感想からであるが、これが橋下氏の発言であっても、まったくおかしくはあるまい。

論戦に勝つには、一方的な主張の正しさばかりを論じ通す事だ。これは鉄則である。押しまくられた連中は、必ず自分等の論理は薄弱ではなかったか、と思いたがるものだ。討論に、唯一の理性などという無用なものを持ち出してみよう。討論には果てしがない事が直ぐわかるだろう。だから、人々は、合議し、会議し、投票し、多数決という人間の意志を欠いた反故を得ているのだ。

(「ヒットラーと悪魔」)

確かに橋下氏は、この論戦に勝つための「鉄則」をよく心得ている。それどころかこの

＊9　茂木健一郎「世界を戦いの舞台に」『文藝春秋』平成二四年六月号

「鉄則」をマニュアル化し、『図説 心理戦で絶対負けない交渉術』と題して販売していたほどである。

その中で、橋下氏はこう説いている。


私は、交渉の過程で〝うそ〟も含めた言い訳が必要になる場合もあると考えている。自身のミスから、窮地に陥ってしまった状況では特にそうだ。正直に自分の過ちを認めたところで、何のプラスにもならない。

交渉の途中で、自分の発言の不当性や矛盾に気づくことがたまにある。心のなかでは〝しまった〟と思っているのだが、そこはポーカーフェースで押し通す。どんなに不当なことでも、矛盾していることでも、自分に不利益になることは知らないふりを決め込むことだ。相手方に指摘されるまではほうっておく。運悪く相手方に気づかれてしまったら、仕方がない。こんなとき私がよく使うテクニックがある。

相手方に無益で感情的な論争をわざとふっかけるのだ。いよいよ攻め込まれて、自分の主張が通らないというようなときには法外な要求をして、場を混乱させる。

さんざん話し合いを荒しまくっておいて、最後の決めゼリフに持っていく。

「こんな無益な議論はもうやめましょうよ。こんなことやってても先に進みませんから」

自分が悪いのに、こう言って終わらせてしまうのだ。

（『図説 心理戦で絶対負けない交渉術』）

そう言えば、先述の田原総一朗氏が司会を務める名物討論番組「朝まで生テレビ！」に出てくる政治家や知識人たちの話法の多くもまた、橋下氏と同様、「一方的な主張の正しさばかり論じ通す」という鉄則に従っている。その程度の連中が、世間では「論客」としてもてはやされ、マスメディアでは重宝されている。熟議を通じて、より良い結論に到達しようなどというのは無駄である。相手の言うことにも一理あるなどと理解を示そうとしたが最後、相手は徹底的にそこに付け込んで攻撃の手を強めてくるのだ。

論争に決着を付けるのに必要なのは論理の正しさではない。支持者の数である。大阪都構想が正しいかどうかの論争は、論理ではなく、数の勝負で決まるのだ。政治は、獣的な勝ち負けの世界である。ならば、政治に言論も批判も無用になる。獣に言葉はいらない。これが橋下氏の発言や行動の根底に横たわる恐るべき思想である。

その証拠に、橋下氏はかつてツイッターで、こう嘯《うそぶ》いていた。「無責任大学教授コメンテーターの井戸端会議と政治は違う。井戸端会議はしゃべることが目的。何一つ解決しなくても良い。社会は人間の集まり。だから物事を決定する仕組みが重要」

確かに大学教授やコメンテーターの垂れ流す言説には、無責任なものが少なくないことは認めよう。しかし、だからといって、政治には「しゃべること」は不要で「物事を決定する仕組み」が重要だというなら、政治には議論はいらず、多数決であろうが、独裁であろうが、とにかく意思決定さえあればよいということになる。「しゃべること」に意味があるとしたら、それがプロパガンダとして物事を決定するのに役に立つ場合だけだということになってしまう。しかし、それが橋下氏の政治観なのである。

これは橋下氏に限られない。現実の政治は実行が大事だ。批判だけしていても何も始まらない。こういった台詞は、世間一般でよく聞かれる。ビジネスマンが居酒屋で政治談議を繰り広げれば、そのうちの誰かが必ず、この種の台詞を吐くだろう。「批判ばかりしていないで対案を出せ」といった文句も、これと同じ類の政治観から発せられている。

しかし、小林秀雄は、橋下氏が生まれる十年も前に、すでにこう書いていたのである。

批判という言葉は大流行だが、この言葉は、われわれは既に批判の段階を越えて、今や実力行使の段階に達した、と続くのが常である。批判に段階があるとは、おかしな事である。私の常識では、批判精神の力は、その終るところを知らぬ執拗な忍耐強い力にある。

（「ヒットラーと悪魔」）

ここで、小林秀雄は、その執拗な忍耐強い批判精神の力によって、橋下氏のような大衆政治家＝独裁者に対して、抵抗し続けるしかないと宣言しているのである。

そのような小林秀雄に大きな影響を受けたとしながら、橋下氏を礼賛してやまない茂木健一郎氏とは、いったい、どのような思想あるいは感性の持ち主なのであろうか。

「無記」という虚無主義

茂木氏は、橋下氏を「さわやか」などと評したのと同じ二〇一二年、三〇代の時に小林秀雄の講演録「私の人生観」の中に出てきた「無記」という言葉に出会い、救われたと語っている。[*10] なお、「私の人生観」に出てくるのは「無記」ではなく「不記」であるが、これは茂

＊10　http://president.jp/articles/-/12256?page=2

木氏の記憶違いであろう。

茂木氏によれば、この「無記（不記）」とは、「ブッダが死後の世界の存在やこの世がどのように成り立っているかといった根本的な問題について質問を受けたとき、それに対して一切答えない姿勢を貫いたという事実を指す言葉だ」という。

そして、この言葉から、茂木氏は、「現代人は性急に答えを求め、答えさえ手に入れば安心して生きていけると信じている。これは現代文明の病だ」という診断を下している。

この文明診断自体は私も同意する。性急に答えを求め、探究を怠るのは、確かに現代人の病理と言ってよい。

他方で、その茂木氏は、橋下氏の政治手法に関しては、「迅速に意思決定する。そして、どんなに反対意見があっても、ぶれない。自分の意見を言い切って、それを貫く」と評している。しかし、そのような姿勢こそが「性急に答えを求め、答えさえ手に入れば安心して生きていけると信じている」現代文明の病理そのものなのではないのか。

茂木氏は、自分が「現代文明の病」と呼んだ現象を、別のところでは称賛しているのである。なぜ、このような分裂が生じ得るのであろうか。その理由の一つは、茂木氏の「無記」を巡る解釈の中に垣間見えるように思われる。

茂木氏は、ブッダが質問に対して一切答えない姿勢を貫いたことを「無記」と呼び、そこから「大切なのは永遠に問い続けることなのだ」ということを悟り、さらに「答えなんてなくていいのだと思えば、生きることが楽になり、そして、自力で生きようとする力が湧き上がってくる」という結論を導き出している。

確かに性急に答えを得ようとするのは、現代人の病とも言うべきものである。「大切なのは永遠に問い続けることなのだ」という理解も正しいと思う。

しかし、「永遠に問い続けること」は、「答えなんてなくていいのだと思う」こととは、根本的に違う。永遠に問い続けなければならないのは、答えがないからではない。あるはずの答えに到達できないからである。答えは見つからないのかもしれないが、確かにあるはずだ。そういう直観から「問い」が始まるのである。

したがって、もし「答えなんてなくていいのだ」というのであるならば、問いを発することもできなくなる。「答えなんてなくていい」などと構えてしまえば、茂木氏の言う通り、「生きることが楽になる」のかもしれない。問いを発し続けなくてよくなるからだ。しかし、そのような虚無主義的な態度から「自力で生きようとする力が湧き上がってくる」などということは絶対にあり得ない。

だいたい、「答えなんてなくていいと思う」というのは、どう生きるべきかという問いに対する茂木氏の「答え」ではないのか。「答えなんてなくていい」というのも一種の「答え」

である。つまり、茂木氏の「無記」の思想は、自己矛盾に陥っているのである。

さきほど、茂木氏は、性急に答えを求めるのは「現代文明の病」だと批判しながら、同時に、性急に答えを出そうとする橋下氏の手法を「迅速な意思決定」として称賛するという矛盾を犯していると指摘した。しかし、茂木氏にとっては、自分が矛盾を犯していることなど、どうでもよいのであろう。「答えなんてなくていい」と思っているならば、答えに矛盾があることなど気にもかけないはずだから。

「不記」という実践主義

果たして小林秀雄は、茂木氏のように「答えなんてなくていいと思えば、生きることが楽になる」などということが言いたいがために「不記」という言葉に言及したのであろうか。茂木氏の言う「無記」は、小林の言う「不記」の「誤記」にとどまらず、意味までも違うのではないか。改めて、小林の「私の人生観」を読み直してみた方がよさそうである。

「阿含経」の中に、こういう意味の話がある。ある人が釈迦に、この世は無常であるか、常住であるか、有限であるか、無限であるか、生命とは何か、肉体とは何か、そういう形而上学的問題をいろいろ持ち出して解答を迫ったところが、釈迦は、そういう質問には自分は答えない、お前は毒矢に当たっているのに、医者に毒矢の本質について解答を求める負傷者の様なものだ、どんな解答が与えられるにせよ、それはお前の苦しみと死とには何の関係もない事だ、自分は毒矢を抜く事を教えるだけである、そう答えた。これが所謂如来の不記であります。つまり、不記とは形而上学の不可能を言うのであるが、ただ、そういう消極的な意味に止まらない。空の形而上学は不可能だが、空の体験というものは可能である、空は不記だが、行う事によって空を現す事は出来る。本当に知るとは、行う事だ、そういう積極的な意味合いも含まれている様であります。

（「私の人生観」）

読めば明らかであるが、小林は「不記」によって「答えなんてなくていい」と言っているのではない。「答え」は形而上学の中にはないが、体験の中にはあるはずだと言っているのである。おそらく茂木氏は、小林が形而上学の中には答えがないと言っているのを、「答え」自体がないと言っているのだと誤解したのであろう。

だが、この問題は、単なる概念の誤解にとどまらない。根はもっと深いのである。というのも、茂木氏の「無記」の虚無主義こそが、橋下氏を「さわやか」だと感じる感性に直結しているからだ。

茂木氏は、「答えなんてなくていいと思えば、生きることが楽になる」と説いた。確かに、答えなんてなくていいと割り切ってしまえば、問いを発する必要もなくなり、したがって面倒な議論をする手間が省ける。「答えなんてなくていい」というのならば、大阪都構想が正しいか否かという問いについても「答えなんてなくていい」ということになる。

どうせ答えがないのなら、議論などするだけ無駄だから、何でもいいから、さっさと決めてくれということになる。こうして「答えなんてなくていい」などという楽な生き方から、熟議を拒否し、自由を否定する独裁政治が産み落とされる。自由を滅ぼし、民主政治を腐らせるのは、茂木氏が「無記」と呼ぶ虚無主義なのである。

では、小林秀雄の「不記」については、どうか。小林は、「不記」のことを「本当に知るとは、行なう事だ」とも言い換えている。これこそが、「私の人生観」という講演の主題である。

「知るとは行なう事」とは、どういうことなのであろうか。小林は、講演の最後にその意味を明らかにしている。


思想が混乱して、誰も彼もが迷っていると言われます。そういう時には、又、人間らしからぬ行為が合理的な実践力と見えたり、簡単すぎる観念が、信念を語る様に思われたりする。けれども、ジャアナリズムを過信しますまい。ジャアナリズムは、屢々現実の文化に巧まれた一種の戯画である。思想のモデルを、決して外部に求めまいと自分自身に誓った人、平和という様な空漠たる観念の為に働くのではない、働く事が平和なのであり、働く工夫から生きた平和の思想が生れるのであると確信した人、そういう風に働いてみて、自分の精通している道こそ最も困難な道だと悟った人、そういう人々は隠れてはいるが到る処にいるに違いない。私はそれを信じます。

（「私の人生観」）

これは昭和二四年に語られた言葉であるが、今日も「思想が混乱して、誰も彼もが迷っている時」であろう。そういう時には、嘘を押し通すといった「人間らしからぬ行為が合理的な実践力と見えたり」、二重行政の解消などという「簡単すぎる観念が、信念を語る様に思われたりする」のであろう。

そういう世情の中で、ジャーナリズムは、一方では自由を守れとか、民主主義を尊重しろとか言い募りながら、他方では「独裁が必要」と公言する橋下氏に対する期待を煽ってきた。だから、ジャーナリズムというものを過信してはならないのである。

大阪は、確かに地盤沈下している。しかし、大阪を救う方策は、「大阪都構想」にも、その「対案」にも記されてはいない。答えを「構想」に求めていること自体が、もう間違いなのである。大阪を救う道を知っているのは、大阪を救うために働いている人々だけである。これが「不記」の政治思想である。

小林が「私の人生観」を語ったのは敗戦から間もない頃である。「平和」という「構想」が、ジャーナリズムを通じて散々流布していたのであろう。

しかし、平和とは、「構想」の中に記されているものではない。生活し、働く事の中にある。

だから小林は、「働く事が平和なのであり、働く工夫から生きた平和の思想が生まれるのであると確信した人。そういう風に働いてみて、自分の精通している道こそ最も困難な道だと悟った人」だけを信用する。そして、「そういう人々は隠れてはいるが到る処にいるに違いない」と信じている。

では、今日もなお、「そういう人々は隠れてはいるが到る処にいる」のだろうか。私はいると思う。まさにあの住民投票が、大阪にも「そういう人々」がいたことを明らかにしてくれたではないか。

それこそが、地域振興会で働く人々である。彼らの活動こそが、「働く事が自治なのであり、働く工夫から生きた自治の思想が生まれる」ことを示している。彼らは、「そういう風に働いてみて、自分の精通している道こそ最も困難な道だと悟った人」であり、湯浅誠氏の言葉を借りれば「複雑でうんざりするような調整を経て、望ましい姿に変えていくほかない」と確信した人であるに違いない。

※ 本稿は、中野剛志「独裁の危機は去っていない」(『文藝春秋』平成二七年七月号、文藝春秋)を大幅に加筆・修正したものである。

民主主義を建て直すということ

湯浅誠×中野剛志

湯浅誠（ゆあさ・まこと）
1969年、東京都生まれ。社会活動家。法政大学現代福祉学部教授。東京大学大学院法学政治学研究科博士課程単位取得退学。95年からホームレスの支援活動を始め、貧困問題に関する活動と発言を続ける。2008年、「年越し派遣村」村長。09〜12年、民主党政権下で内閣府参与。著書に『反貧困』（岩波新書）、『どんとこい、貧困！』（イースト・プレス）、『ヒーローを待っていても世界は変わらない』（朝日文庫）など。

一見真逆の立場から

湯浅　中野さん、はじめまして。よろしくお願いいたします。

中野　はい、よろしくお願いいたします。最初に世間でこの二人がどういうふうに見られているか、整理しておきましょうか。湯浅さんはリベラル派。派遣村をはじめ、反貧困活動を展開し、民主党政権では内閣府参与まで務められた。一方の私は保守派なんだそうです。民主党政権が嫌で、霞が関を飛び出て京都大学に出向したんじゃないかとの噂もある（笑）。それは冗談にしても、ＮＰＯにかかわり、民主党の「新しい公共」を支えた湯浅さんと、反ＴＰＰ運動で農協など、いわば古い自民党の地盤に支持された私。立場は、一見、完全に真逆です。

湯浅　経歴としては、そう見えますね。

中野　しかし、私は湯浅さんの活動におおいに共感するのです。たとえば、東日本大震災の被災地では、地域共同体に注目し、上からの支援ではなく地域共同体を力づけるような活動をなさってきた。あるいは、大阪維新の会が力をつけていたころは大阪に移り住み、市民活動を活性化させ、中間団体的なものを盛り立てようとなさった。これは私の問題意識と重なっている。もちろん、湯浅さんは社会活動家で、私は官僚かつ研究者ですので、取り組み方のスタイルは違いますが。

湯浅　大阪に入ったのは、橋下徹さんが圧勝した二〇一一年の市長選の直後でした。当時の大阪の雰囲気に対して、何かがおかしいと思っている人たちは大勢いた。しかし、たとえば対抗する人たちは組織中心で、そうした無党派層の人たちとつながることができていなかった。だから、そうした、つながりの回路をつくる活動を期間限定でもやろうと思ったのです。被災地のほうでは、地域の活動の中で小さな成功体験を積み上げてもらい、自らが民主主義の担い手として育つお手伝いをしています。

中野　そうした活動の経緯を書かれたご著書『ヒーローを待っていても世界は変わらない』（朝日文庫）も読みました。

湯浅　ありがとうございます。

消費者感覚の民主主義から脱するために

中野　読んでいて膝を打ったのが、民主主義とは「面倒くさくて、うんざりして、そのうえ疲れる」ものなのだという一文です。

湯浅　上から政策の選択肢を与えてもらって、ショッピングのように消費者感覚で選んでいくのが民主主義ではないはずです。たとえば、昨年（二〇一四年）一二月の総選挙で、「自民党に入れたくない。でも入れるところがない。だから、投票しない」というようなメンタリティーが日本を覆っていましたよね。そういう現象を見て、民主主義を空洞化させてはいけない、とみんな思っている。しかし、今は逆の方向に流れが向かっている。その原因をたどっていくと、普通の暮らしをしている人は、いくら長く働いても生活が苦しく、じっくり物事を判断する時間がない、というところに行きついてしまう。だから、私の中では、貧困問題と民主主義の問題はつながっているのです。

中野　その流れに逆らって、湯浅さんは、面倒くさい民主主義を支えてきた中間団体なり共同体を建て直したいと言う。この面倒くささと向き合うことが日本の政治を取り戻す鍵なんじゃないか、という視点で今は活動をなさっているわけですね。

私が湯浅さんの活動が重要だと思うのは、もう一つには、我々は結局、自分たちの社会の力に見合った政治家しか輩出できないからなんですよ。「小泉しかいない」「安倍しかいない」「橋下でいくしかない」という絶望的な政治状況は、我々の社会の力や民主主義の力が弱っているという証拠です。では、この先、それをどう建て直していけばいいのか。今日はそのあたりを湯浅さんとじっくりお話ができればと思います。

どちらが役立つ？　ＮＰＯと古い中間団体

中野　さて、しかし、今時のＮＰＯの流行り方。これには少々、不満をもっていましてね。ＮＰＯでなくとも、そういう中間団体は、本来、労働組合や農協、生協として存在してきたわけです。貧困という問題についても、労働者の地位向上に昔から取り組んできたのは労組ですよね。ふだんは忙しくて公共的なことにかかわれない人も、組織の一員としては持続してかかわれる。

もっと言うと、会社組織も日本的経営は共同体的だった。そもそも雇用を守るだけでも立派な公共活動ですよね。それなのに世間は、伝統的な中間団体を「既得権益だ、抵抗勢力だ」と批判し、一方で「ＮＰＯに代表される新しい公共はすばらしい」と。そういう流れになっていませんか。民主党の提唱した「新しい公共」は、ＮＰＯと国家・行政との対立構造をあおっただけに思えるのです。

湯浅　なるほど。しかし「新しい公共」は、途中で路線転換してましたね。消防団など旧来型の中間団体も公共の担い手とする、ということにね。

中野　でも、労組以外の中間団体は農協や中小企業など、自民党の支持基盤だったでしょ。それを壊して、民主党側に取り込みたい意図もあったのでは？

湯浅　その面はあったでしょうね。私としては、自民支持だろうが、民主支持だろうが、関係なくて、そうした中間団体が、力をつけて機能してほしいだけですから。

中野　旧来型の中間団体に問題があるのは事実でしょうが、新しいＮＰＯよりも既存の集団を再活性化するほうがよほど手っ取り早くて力量もある。

湯浅　もちろんＮＰＯや社会的企業が、労組や農協に取って代わる必要はないし、そんなことはできない。ＮＰＯには別の役割があると思うんです。それが何かと言うと、「問題提起」なんだと思う。

ＮＰＯは有機農業に似ているんです。どういうことかと言うと、有機農業の耕作面積は総耕面積の〇・四パーセントにすぎませんが、何十年とかけて、消費者の行動を変え、普通の農家に「なるべく減農薬でいこう」と思わせるような影響力をもつようになった。ＮＰＯや社会的企業が、たとえば労働力人口の一割を雇用することは多分ないし、ならなくていい。ＮＰＯの投げかける問題提起を通じて、既存の労組や各種の協同組合、地域がよりバージョンアップすればいい。旧来的な組織は、ともすれば、排外的な側面もありますが、ＮＰＯという新しい刺激によって、インクルーシブ（包括的、包摂的）になればいい、と思っているわけです。

中野　旧来的な組織だけではなく、逆にＮＰＯにもインクルーシブではない面がありますよね。NPOは福祉や貧困など単一の課題に取り組むものが多い。これだと参加者も同質性が高いのでしょう。

湯浅　そのとおりですね。特に大都市圏では、そうですね。シングル・イシューの活動に、似たような問題意識をもつ人たちが集まっても活動が成り立つ。それくらいの人口規模があるということが大きいでしょう。

中野　一方で、地方で長く息づいてきた旧来型の中間団体、つまり青年団なり農協なりは、半ば強制的に加入させられて、自分の趣味や志向と違う人としゃべらざるをえなかった。それで様々な考え方を学び、意見交換の流儀を身につける。

湯浅　そういったことが「面倒くさい民主主義」の土台になるんですよね。

中野　そう、そのとおり！　束縛がなければ、「あいつらおもしろくないからやめる」と好きな人同士だけが残り、組織が閉塞する。中身が豊かな中間団体には、地域や会社、伝統とか慣習のような束縛が必要なんです。

湯浅　大都市圏のNPOにはご指摘が当てはまる部分もあります。

　同時に、NPOも、たとえば地方で活動する場合に、大勢の人を巻き込まなくてはいけないのは同じことです。私自身も東京を中心に活動してきたときは、貧困というシングル・イシューの活動をしていたことになるわけですが、内閣府参与になって国全体を相手にしてみると、多様な利害関係者を無視できなくなった。その点では「地方」も同じですね。たとえば、地方で町づくりをするなら、町内会のおっちゃんら地域の多様な人を巻き込まないといけない。なんとか仕掛けを考えて、「おもしろそうだ」とか「しょうがねえな」とテーブルに着いてもらう。

そういうことを実践する二〇〜三〇代は実際に増えています。彼らの戦略性はたいしたものです。

たとえば、北海道当別町に「ゆうゆう」という障碍児のデイサービスから始めた団体があります。理事長の大原裕介さんは三〇代半ばの青年ですが、地域ニーズをどんどん取り込んでレストランや農園など事業を拡大し、いまや町で第三の事業体に育てた。彼らは集落ごとの対策を立て、「あそこに話すときにはあの人を通じて」とか「宴席はこの席次でやる」とか古いやり方を駆使しつつ、自分たちの新しいモードを根づかせている。

中野　それは頼もしいなあ。

湯浅　なぜこんなことができるか。彼らを見込んだもう一世代上の人が陰にいるからです。たいがいは役所の課長、部長クラスですね。威勢のいい若者のよい面を伸ばしつつ地域のしきたりを教え、反作用への防波堤にもなる。地方で成功するＮＰＯには、陰で支えている行政の「おじさん」がいる場合が多い。

中野　裏に行政の人がいるのは、私も行政人としてうれしい。
湯浅　やはり中野さんでも（笑）。
中野　NPOや地域活性化は、行政に頼りっぱなしも行政がまったく関与しないのもダメ。国や地方公共団体とうまく協働すれば成功できます。
湯浅　私も民主党政権時代に内閣府参与をやってみて、初めてわかったことです。中に入ると、官僚がいかに政策のノウハウに通じているかわかる。そしてNPO出身の私は現場の状況を知っている。それぞれの長所を生かせば話が進む。
中野　できる役人ほど、現場の人の情報や力を評価し、頼りにしている。俺は現場を知っている、という役人は仕事のできないやつです（笑）。
湯浅　それ以降「官民協働」を私は主張しています。

なぜ狡猾なネオリベに取り込まれてしまうのか？

中野　官民協働なしの「新しい公共」には、大きな落とし穴が待っていますよねえ。つまり、行政抜きの「自助共助」を訴えるNPOなどの声に対して、ネオリベラリストは「それはありがたい」と乗っかるかたちで、簡単に予算をカットする。中間団体やNPOは、国家なり自治体なりと対立するほど、狡猾《こうかつ》なネオリベに利用されかねない。

ネオリベというのは官民協働を支える中間団体が死ぬほど嫌いなんですよ。だから、ネオリベは、農協を潰そうとし、労働組合を弾圧しようとする。サッチャーが典型ですけれども、大学も独立行政法人化して、民営化がいいんだと言う。あげくには、正社員もけしからんと言い、日本的な共同体的な経営はおかしいんだと主張する。

だから、「新しい公共」を唱える人を見てひやひやするのは、本来は相容れないはずのネオリベにうまく対抗できずに絡めとられてしまうこと。たとえば、フェミニストもそうでしょう。

湯浅　新自由主義が「新しい公共」を利用したがるというのは、その通りでしょうね。それには経路依存性の問題というか、過去の経緯が深くかかわっています。たとえば、日本の社会保障の予算は昔から大きくなくて、福祉の役割を家族や企業が担い、人々を包摂してきたところがある。

ところが、個人の自由を重視する風潮や女性の社会進出、あるいは日本的な経営の弱体化など、いろんな理由で家族や企業による包摂が弱くなってきた。しかし、社会保障費を増やしてセーフティーネットを張ろうとしても、今度は税を上げる合意が社会的にとれない。となると、弱くなった家族や企業を補完するためには、「新しい公共」に期待するしかなく、官民協働をうまく進め、少ない予算で多くの効果を狙う路線しかありません。

そういう意味では、新しい公共というのは、いいとか悪いとかじゃなくて、要するに、好むと好まざるとにかかわらず、選ばざるをえない選択肢なんですよ。

中野　なるほど。

湯浅　もう一つ指摘しておきたいのは、日本の政治的なリベラリズムのつまずきです。戦後の日本では、政治的なリベラリズムというのは、それなりに強かった。国家と市民の対立という構図の中で、学生運動などは盛り上がった。しかし、一九七〇年前後にたとえば、ウーマンリブなど多様な政治的な動きを包摂するのに失敗したと思うのです。あるいは障碍者や外国人からの異議申し立てが出たときに、それを包摂して運動のかたちを変えるということができず、多様性をもてなかった。逆に、小さな差異にこだわり、内ゲバみたいなところにいってしまい、人々に愛想を尽かされた。

その後に、なぜ経済的なネオリベラリズムが浸透したのか。それは、市場で勝てるなら、女でも、外国人でも、障碍者でもかまわないというものだからです。つまり、能力があるマイノリティーで、自分の属性がゆえに絶対勝てなかった人たちからすると、経済的なネオリベラリズムは朗報だったわけです。

しかし、それは同時に、市場で勝てなければ男だろうが女だろうが、誰でも排除されるということでもある。二〇〇〇年代以降は、それが格差、貧困問題として噴出してきたわけです。とはいえ、改めて今、政治的なリベラルを構想するには、縦の格差と共に横の多様性も考えないと、一九七〇年代の失敗を繰り返すだけだと思います。

求心性と多様性をどう両立させるのか？

湯浅 だから、やはり問題は、求心性と多様性をどう両立させるかなのだと思います。社会活動では、特にスタートアップの段階で「とんがった」ほうが求心力をもちます。

中野 おっしゃるとおり。湯浅さんでいえば派遣村、私でいえば『TPP亡国論』（集英社新書）がそうだった。

湯浅 第一段階はそれでいい。しかし、第二段階では多様な意見と調整しつつ、具体的に政策なりに反映させていく作業がある。

「アラブの春」でもこの間の香港のデモでも、脱原発の官邸前活動も、ある時期までは先鋭化で求心力を保てた。しかし、多様な人と合意をつくる段になるとうまく振る舞えず、後ろから矢が飛んでくる。民主党政権も、求心性と多様性のバランスがとれずに倒れた。

中野 求心性と多様性は、まさに政治、統治の肝《きも》です。と同時に、歴史的な経緯で決まる非常に脆弱なバランスなんですね。

国家単位の話で言うと、日本は、長い年月、島国に一億人以上の人口が押し込められているから成り立っていますが、もし技術進歩で移動がもっと容易になり、さらにグローバル化して国境が曖昧になれば、その瞬間に求心力を失い、いくつもの小さな同質集団に散らばるでしょう。

たとえばフランスのテロ事件後、大規模なデモがありましたね。「言論の自由」がフランスのナショナルアイデンティティだから、国がばらばらにならないためにも「守れ」と言う。あの風刺画は、別の国であれば、ヘイトスピーチ扱いでもおかしくないレベルですけれど、求心力のほうが重視される。

湯浅　確かにそうでしたね。

中野　「アラブの春」の民主化に、世界中が期待したのにも呆れました。中東は民族や宗教を無視した植民地の線引きで国ができたから、国内は多様だけれども、壊れやすい。ストレートな民主主義は独立当初からはやりにくく、独裁政権下で無理やり同居するうちに、だんだんと交流して少しは求心力がつき、長い時間をかけて民主化が進んでいくというものでしょう。民主化を急げば、内乱が起きるのは当たり前です。

言いたいのは、リベラルな価値観のおかげで寛容が生まれるのではない、ということです。

国というものは、歴史的経緯でしばられていて、それぞれに、受け入れることのできる多様性の度合いは違う。「俺たちはわかり合えないところがある」とわきまえつつ、でも「一緒にいなければいけない」ということから、徐々に寛容が生まれてくる。そういったことに、もう少し思いをいたすほうがいい。

湯浅 民主主義は、歴史的な経緯を経た民主主義の「外」の支えがないと機能しない、と中野さんはおっしゃるわけですね。微妙な話ですね。

中野 政治的なリベラリズムが多様性を取り込めないのは理論的にも明らかなんですよ。ジョン・ロールズやユルゲン・ハーバーマスらの政治的な自由主義は、多様な人たちもじっくり話し合えば、一つの合意に達すると主張してきた。けれど現実には、最初からある程度、価値観の基盤を共有している者同士でしか合意は生まれない。やはり、議論で一致しない人たち同士の共存にはリベラリズム以外の論理が必要となる。

さらに指摘しておきたいのは、政治的なリベラルは経済的なネオリベラルと親和性が高いということです。前者は議論、後者は市場という単一の土俵で、合意や価格という一つの基準だけですべてをはかる。

民主主義の深みはどこから生まれるのか？

湯浅　では、この話を「民主主義を支える知恵」の問題とでも言い換えましょう。民俗学者の宮本常一が、昔の集落のトラブルの対処法を書いていた。トラブルの当事者双方が延々と、長老に「あいつが悪い」と訴える。長老は、どちらの言うことも「うんうん」と三日間ぐらい聞き続けているうちに両者の気持ちが収まり、納得する。合意形成はされていないが、気が済む。こうしたことを含めた「コミュニティ形成の知恵」「民主主義の知恵」が必要なんです。

中野　こいつは俺と同じ村の人間だからとか、そういう感情的で非合理的なつながりが多様性を支える。ところが、政治的なリベラリズムは、この非合理な束縛を嫌う。

湯浅　ロールズやハーバーマスを持ち出さなくとも、日本で「民主的」というと、みんなが思い浮かべるのは、学級会民主主義ですよね。形式的な手続きを進めて、多数決で決める。しかし、それが民主主義のイメージだとすると、それは貧困にすぎる。

中野　あれで民主主義が嫌いになりました。

湯浅　あれはまずい。だから、さっきの宮本常一のような話も織り込むのが大事だと思う。

中野　その意味で、学級会民主主義はともかく、公立学校のある側面はまさにリベラル。学区が同じだけで貧富も価値観も関係なく同じ学校に放り込まれ、共存せざるをえない状況におかれるわけですから。

湯浅 地域的なしがらみなどは、高度成長期以来、否定的に見られて解体されてきた。この数年、ようやく無縁社会と騒ぎ出し、「新たにつくり直そう」という動きが被災地などにも見えてきた。リベラルを包む非リベラルなものも含めたいろいろな仕掛けを仕込みつつ、合意に至らないけど同居するしかなく、結果的に物事が進む状態をつくろうという発想も出てきた。私は、そこに希望を見るし、その担い手を増やすお手伝いをしたい。

中野 湯浅さんのように、もともとコミュニティとしてあった核を雪だるま式に膨らませるなら、うまくゆくはずですよ。最初の核は民主的なものではないけれど、それを膨らますのはリベラルな価値や社会活動でいけるはず。大きな話で言うと、ネーション＝国民は、近代以降に新聞なりメディアが普及し、産業化で人が行き来するようになって徐々に成立したとされる。ただ、ネーションの核みたいなものは前近代からあったとも言われています。

湯浅 江戸時代も、日本という言葉は一般的に使われていました。

中野 核があったうえで記憶違いや歴史の捏造もありつつ、「俺たちの先祖はみんな同じ」と思うようになる。その核が、日本はわりとまだ残っているかな、と。

でも、さっきの若い人たちが進んで地域共同体に入っているといった話を「なるほど」と思える人は比較的若く、五〇~六〇代の人には理解しにくい。最もネオリベラルに染まった世代だから。この世代のネオリベたちによって、九〇年代以降、地域共同体のように曖昧で市場からはみ出るものは、壊されてきた。しかし、どこの職場でもネオリベラル色が強い世代は、あと五年ぐらいで退職するから、直感ですが、五年辛抱すると湯浅さんの雪だるまはぐっと大きくなるはずです。

湯浅　ただね、私、その希望は捨てたんです。

中野　へ?

湯浅　組織で登用されるのは上世代の価値観を体現した「上のおぼえがめでたい」人ですから。その意味で、新陳代謝は自動的には起こらず、再生産されていく。

中野　ああ。何しろ、私が登用されていない(笑)。

湯浅　ほら。世代交代と同時には変わらない(笑)。

中野　しかし、リーマン・ショック後、ネオリベラルの主張の魅力がかなり落ちたのは事実です。ピケティ現象を見ればわかるように欧米の主要な知識人の間ではほぼ失効していて、政治の世界でも着実に衰えていますよ。この間、渡辺喜美氏も猪瀬直樹氏も表舞台から退場し、橋下徹氏もだいぶ人気が落ちた。再生産されても小泉ジュニアは父よりネオリベラルの度合いが落ちる。

湯浅　ですかね。

中野　もちろん、世界の動乱が激しいと、地方で落ち着いて中間団体をつくるのも難しくなるかもしれませんね。一瞬の円高や円安で一気に前提が崩れたりしますし。

湯浅　確かに。だから陣地戦のようにじっくりやるしかないんですよ。東京オリンピックまで今の状況は揺るぎないだろうから、覚悟して……。

中野　ほら、あと五年でしょ（笑）。

（※初出　『KOTOBA』二〇一五年春号、集英社）

ブラック・デモクラシーと一筋の光明

薬師院仁志

薬師院仁志（やくしいん・ひとし）

1961年大阪市生まれ。京都大学大学院教育学研究科博士後期課程中退（教育社会学）。京都大学教育学部助手を経て現在帝塚山学院大学教授（社会学）。主な専攻分野は、社会学理論、現代社会論、民主主義研究。著書に『禁断の思考　社会学という非常識な世界』（八千代出版）、『民主主義という錯覚』（ＰＨＰ研究所）、『社会主義の誤解を解く』、『日本語の宿命』、『日本とフランス二つの民主主義』（以上、光文社新書）など。

民主主義国家、とりわけ議会制民主主義の国家は、その本質上、複数の党派の存在に基礎を置く国家であり、政党を構成するさまざまな利益集団の自由な活動を通じて、共同の意志が形成される。だからこそ、対立する集団の利害を調整して妥協させることができなければ、民主制は存立しえない。このような妥協のない民主制は、その反対のものに、つまり、独裁制に転化する恐れがある。（H・ケルゼン）[*1]

はじめに

何百年か後の歴史家たちは、全ての成人に投票権を与えて統治者を選ぶ制度を、どのように語るであろうか。あくまでも追い求めるべき理想だと主張し続けているであろうか。それとも、誰にでも選挙権を与えるなど、古人の犯した愚挙だと断じるであろうか。もちろん、現時点において、この問いの正解を見つけることはできないだろう。それでも、私たちは、その答えに少しでも近づかなければならないのである。

現時点においてさえ、普通選挙に基づく間接民主主義（代議制民主政治）は、万能ではない

*1　ハンス・ケルゼン『デモクラシー論』上原行雄・長尾龍一・森田寛二・布田勉訳、木鐸社、一九七七年、一五一頁

ことはもちろん、万人に支持されているわけでもない。そうである以上、私たちは、この政体を維持すべきなのか、あるいは改善すべきなのか、さらには廃止すべきなのか、経験的な事実に照らして真正面から考えなければならないのだ。もちろん、「対案を出せ!」と叫んでしまったのでは、単なる思考停止に陥ってしまう。何よりもまず、基礎理論や歴史的経緯も含め、現行制度そのものを正確に分析する必要があるからである。

本稿は、二一世紀の初めに大阪で起こった出来事を手掛かりに、私たちの社会が採用する政治体制について、その危険性や問題点も直視しながら、改めて問い直す試みである。短絡的な結論を導きだすためではない。さらに深く考えるためである。

一・大阪——二〇一〇年代

二〇一一年一一月二七日に行われた大阪W選挙では、橋下徹氏が大阪市長に、松井一郎氏が大阪府知事に、それぞれ当選した。この結果に対して、作家の髙村薫氏は——選挙の二日後——「思ったよりも大差がついた」との感想を示した上で、「新聞を読まない人、政治に関心ない層、特に若者が橋下徹氏と松井一郎氏に投票したのだろう」と論評している。[*2] 端的に言ってしまえば、無知な者が多く投票したことによって、愚かな選択がなされてしまったということであろう。なるほど、理知的な判断に照らせば、この投票結果は理解不能だ。実際、普段から新聞を読み、政治への関心も高い層の中には、髙村氏と同様の感想を抱いた人が少なからず存在したに違いあるまい。

大阪で起こった事態は、民主主義の危機を体現している。ただし、それは今に始まったことでもなければ、大阪に限ったことでもない。たとえば、フランスのエマニュエル・トッド氏は、二〇〇三年の著書の中で、次のように指摘していたのである。

先進国には新たな階級が出現する。その階級は、単純化して言うなら、人口の上では社会構造の二〇%を占め、所有する通貨では五〇%を占める。そして次第に普通選挙の拘束が耐えられなくなって行くのである。[*3]

普通選挙を耐え難い拘束だと感じている人々は、時代を巻き戻したいわけではない。すなわち、納税額や財産や性別に基づく制限選挙に戻せと言っているのではなく、ましてや選

＊2 『毎日新聞』二〇一一年一一月二九日朝刊（地方版）
＊3 エマニュエル・トッド『帝国以後：アメリカ・システムの崩壊』石崎晴己訳、二〇〇三年、藤原書店、四〇頁

挙を廃した寡頭支配を目論んでいるのでもないのである。では、現行の普通選挙に替えて、いったい何を求めているのか。おそらく、その要求の典型的な事例は、呉智英氏の提唱する「選挙権免許制度」[*4]であろう。試験によって、せめて「義務教育レベルの知識」[*5]を問うべきだというのである。

呉氏は、「男女で判断力の差が本質的にありえない」[*6]ことや、「裕福な者に見識や判断力がある保証はない」[*7]ことを受け、古い制限選挙を問題視する。それに対して、「公正な試験による免許制度だけが、公平で合理的な権力暴走抑制装置だ」[*8]と主張するのである。呉氏の論理は明快だ。危険物の取り扱いや自動車の運転に免許が必要であるならば、「使い方を誤って最も危険なのは権力」である以上、「こんな極限の危険物の運転に免許がなくていいはずがない」というわけである。[*9]たしかに、この理屈は間違っていない。賛同したくなる気持ちも大いに理解できる。だが、大阪市民が経験した現実に照らした場合は、大きな疑問が浮かび上がってくるのである。

二〇一五年五月一七日に大阪市——もちろん大阪府ではない——で行われた「特別区設置住民投票」では、僅差ながら、否決の審判が下った。実質的には、二〇一一年の大阪W選挙とは逆の結果が出たと言えよう。橋下市長や松井知事の主張が、普通選挙と同様の住民投票によって却下されたのである。今回の結果には、大阪府民であり大阪市生まれでもある髙村薫氏も納得したに違いあるまい。理知的な判断に照らせば、五・一七住民投票における「否決」という審判は、一片の疑いもなく妥当だからである。しかしながら、この住民投票の結果に対しては――今度は主として東京の著名有識者から――極めて否定的な論評が寄せられることになった。一例を挙げると、以下のとおりである。

田原総一朗氏：

橋下徹氏が敗れた。僕は大阪都構想で変えるのが面白い、地盤沈下の大阪に活力を蘇らせる事になると思っていたので残念だ。高齢者に反対が強かったようだ。橋下氏のキャラクターが嫌われたのかもしれない。[*10]

＊4 呉智英「いまこそ『選挙権免許制度』を」『新潮45』二〇一三年八月号、六〇―六三頁
＊5 同、六二頁
＊6 同所
＊7 同所
＊8 同所
＊9 同所
＊10 二〇一五年五月一八日付、田原総一朗氏のツイッターより

長谷川幸洋氏：
はっきり言うが、住民投票で負けたのは「主張が正しくなかった」からではない。正しい政策を受け入れるだけ、大阪市民の理解と決意が十分に熟していなかった。[*11]

堀江貴文氏：
既得権益を得ている人が反対した。
今現在、既得権益を得ている人たちにとっては現状維持がベストの選択肢ですから、全体の最適化や将来のベネフィットがどうなろうが、そんなことには構わず都構想反対に回るでしょう。さらに住民投票でも判断力があまりない層を狙ってキャンペーンを展開します。……住民投票で勝とうと思うのであれば、そういう層に対してポピュリズム的に一時的なベネフィットを提示すれば良かったのですが、それを潔しとしなかった。その辺が敗因でしょうね。[*12]

三浦瑠麗氏：
今回の住民投票は、現代の日本にあって、変化を望む側が、変化を拒む側を説得することの難しさを改めて浮き彫りとした。……大阪は、これまでどおりの衰退の傾向に戻るはずである。[*13]

池田信夫氏‥

反対派は何も対案を出さず、ただ既得権を守れと主張するだけだった。……大阪の高齢者は死ぬまで既得権を守り、財政赤字を増やし続ける「安楽死」を選んだのだ。それは彼らにとっては合理的な選択だが、残された都市は空洞化し、スラム化する。[*14]

この住民投票に関しては、「反対」という選択の合理性が既に論証ずみであり、もはや議論する必要はない。[*15]実際、自由民主党の谷垣禎一幹事長は、四月一五日、「『都構想』という

＊11　長谷川幸洋「長谷川幸洋『ニュースの深層』」『現代ビジネス』二〇一五年五月二二日
＊12　堀江貴文「ホリエモン的常識第34回」『ダイヤモンドオンライン』二〇一五年六月二日
＊13　三浦瑠麗「大阪都構想 影響が大きい『政治論としての』敗北」『iRONNA』産経新聞社、二〇一五年五月一八日
＊14　池田信夫「大阪都構想を拒否した高齢者は大阪の『安楽死』を選んだ」『ニューズウィーク日本版オフィシャルサイト』二〇一五年五月二一日一七時五九分配信
＊15　藤井聡『大阪都構想が日本を破壊する』文春新書、二〇一五年
大阪の自治を考える研究会『いま一度考えたい　大阪市の廃止・分割：その是非を問う住民投票を前に』公人の友社、二〇一五年

立派な名前で呼んでいるが、要は『羊頭狗肉』だ。大阪市を解体して弱くするだけだ[*16]」と的確に指摘していたし、「橋下市長に私は賛同し、期待していた」という大前研一氏でさえ、「市が特別区に替わっただけでは二重行政は何も解消されない。二重行政をなくそうとするなら大阪市のままでも十分に可能で、この点では反対派の主張のほうが正しい」と述べているのである。[*17]

もちろん、「特別区設置協定書」および「大阪府・大阪市特別区設置協議会資料」（第一回―第二三回）に基づく具体的根拠さえ挙げないような形での賛成支持など、出鱈目と無責任の極みに他ならず、これまた議論にすら値しない。大阪市民に問われたのは――投票用紙に明記されたとおり――「特別区設置協定書」に対する賛否であり、それ以上でも以下でもないからである。なお、「特別区設置協定書」には、「大阪都」という文字や「都構想」という文字が一度たりとも登場しないこともまた、周知の通りであろう。

ともあれ、大阪市の経験は、「選挙権免許制度」の有効性に疑問符を突きつけることになった。住民投票では、普通選挙の場合と同様、義務教育程度の知識さえ怪しい高齢者も多く投票したはずである。その結果として、誤った政策の「否決」という正解が導き出されたのだ。なるほど、それだけなら単なる偶然かもしれない。実際、二〇一一年の大阪W選挙の際には、普通選挙によって誤った選択がなされてしまったのだ。ただし、当時は、橋下氏が喧伝した自称〈大阪都構想〉が、中身が未確定の空想であった分だけ、漠たる期待感を引き寄せていたことを忘れてはならない。そして、判断材料が具体的になると、今度は住民投票で否決されたのである。

それでも、普通選挙や住民による直接表決が、常に理知的な判断に適う結果を生むとは限らないことは、認めてもいいだろう。正しい判断には知識が不可欠だという主張もまた、当然のことでありこそすれ、断じて否定されるべきものではない。だが、「逆は必ずしも真ならず」なのだ。大阪市の経験は、知識を持つ者の判断の方が常に正しいという前提を崩壊させてしまったのである。

田原総一朗氏、長谷川幸洋氏、堀江貴文氏、三浦瑠麗氏、池田信夫氏といった人々は、誰が何をどう考えても「選挙権免許」の試験なんぞに落ちるはずのない有識者であろう。これらの有識者諸氏は、全員に投票権を与えた住民投票の結果を否定視した。その際、反対した者の例として挙げられているのは「高齢者」や「既得権益を得ている人」や「変化を拒む側」、反対の理由として挙げられているのが「キャラクターが嫌われた」、「大阪市民の理解と決意

＊16　『産経ニュース』二〇一五年四月一五日一七時五六分
＊17　「橋下徹君へ『なぜ君は敗北したか教えよう』」『PRESIDENT Online』二〇一五年七月一日一一時〇〇分

が十分に熟していなかった」、「『安楽死』を選んだ」等々、そして、否決は「残念」であり、大阪は「衰退の傾向に戻る」、あるいは「空洞化し、スラム化する」というわけである。端的に言えば、馬鹿や身勝手者や頑固者が理不尽な動機で反対したために、大阪が駄目になるということになろう。となると、必然的に、全員に投票権を与えたことが悪く作用したという主張にならざるを得ない。

だが、結果的にではあるが、義務教育程度の知識も怪しい高齢者も参加した住民投票の方が、明らかに正しい選択をもたらしたのである。となると、「裕福な者に見識や判断力がある保証はない」のと同様、「知識を持つ者に見識や判断力がある保証はない」ということになってしまう。これは、いささか矛盾した論理に見えるが、大阪での事実に照らす限り、認めざるを得ない事実なのだ。たとえば、藤吉雅春氏は、次のように述べている。

「橋下の支持者は、B層だから」大阪でそんな声を聞いた。B層とは教育レベルの低い層という意味である。しかし、この指摘は正しくない。橋下を支える人々は、決して知的レベルが低いわけではない。[*18]

これは、藤吉氏だけの特殊な認識ではない。松谷満氏もまた、大阪W選挙後に自ら実施した「有権者世論調査」に基づき、橋下氏への支持に関する「『無知な大衆』論はやはり適切ではない」という結論を下している。[*19] さらに、大阪での現地取材を行った藤田和恵氏も、いくつかの調査を概観した上で、「橋下市長を選んだのは、年代別では若年層、年収別では正社員として働く中・高所得層といった構図が浮かんでくる[*20]」と述べているのである。

橋下氏の政策や政治手法の本質を見抜いた大阪人が、「橋下の支持者は、B層だから」と言いたくなるのは、分からないではない。そうした中、「普通選挙の拘束が耐えられなく」なる気持ちも、よく理解できる。だが、事実を直視しなければならない。呉氏は、自ら提唱する「選挙権免許制度」を、「ポピュリズムや衆愚政治を最も確実に、最も安価に防ぐ方策」であり、「権力の暴走を抑止し、文明の水準を保つ最上の制度」だと述べているが、[*21] 理屈はともかく、少なくとも現代の日本では、そう単純ではないと思われるのである。

＊18　藤吉雅春「橋下徹が『総理』になる日」『文藝春秋』文藝春秋、二〇一二年六月号（九四―一〇四頁）、九四頁

＊19　松谷満「誰が橋下を支持しているのか」『世界』岩波書店、二〇一二年七月号（一〇三―一一二頁）一〇八頁

＊20　藤田和恵『ルポ 労働格差とポピュリズム―大阪で起きていること』岩波ブックレット八五八、二〇一二年、四七頁

＊21　呉智英、前掲論文、六三頁

二、民主主義とは何か

呉氏の提唱する「選挙権免許制度」は、実のところ、特に目新しい着想に基づくものではない。むしろ、いわゆる間接民主主義（代議制民主政治）という政体を採用するならば、何らかの形で必ず検討されるべき課題の一つなのだ。そもそも、間接民主主義とは「選挙による貴族政」のことであり、一部のエリートによる統治を旨とする政体だからである。そのことを理解するために、まずは、「義務教育レベルの知識」に含まれる人物の言葉から始めよう。

ルソー（一七六二年）：

「抽籤による選挙（le suffrage par le sort）は民主政の本質にかなうものだ」と、モンテスキュはいっている。これはわたしも賛成である。[*22]

モンテスキュー（一七四八年）：

抽籤による選出は民主政の本性にふさわしく、選択による選出（le suffrage par choix）は貴族政の本性にふさわしい。[*23]

もちろん、「民主主義批判の始祖」[*24]であったルソーは、抽籤制を否定し、今日的な普通選挙――つまりは選挙による貴族政――の実施を主張した。えっ？　学校で覚えさせられたことと何となく違うようなって？　そんなこともあるのかもしれないが、ルソーやモンテスキューの主張に関しては、本人たちが実際に記した言葉を信用しよう。正しい判断をするためには、頓珍漢なことを棒暗記するよりは、何も知らない方がまだましなのだから。ついでに、ルソーが「自然に帰れ」という迷言を吐いたという迷信もまた、知らないに越したことはない。

では、そもそも民主主義とは何なのか。よく知られている通り、その起源は古代のギリシャであり、民主主義（デモクラシー＝民主政）という語の起源もまた、ギリシャ語の「dêmokratia」である。この語は、「dêmos」の「kratos」という意味で、そのまま日本語に直すと、「民衆の権力」あるいは「人民による支配」となろう。その具体的なモデルは、アテ

＊22　ルソー『社会契約論』桑原武夫・前川貞次郎訳、岩波文庫、一九五四年、一五一―一五二頁
＊23　モンテスキュー『法の精神―上』野田良之他訳、岩波文庫、一九八九年、五六頁
＊24　ロベルト・ミヘルス『現代民主主義における政党の社会学Ⅰ』森博・樋口晟子訳、木鐸社、一九七三年、一二三〇頁

ナイ型の直接民主主義である。しかしながら、古代ギリシャでは民主政が一般的だったと誤解してはならない。むしろ、それは、一地域の一時代に限られて行われていたことであった。

ともあれ、アテナイ（Athēnai：アテネの古名）では、統治形態を三つに分類して考えるのが一般的であった。すなわち、王政（君主政：モナルシー）、貴族政（アリストクラシー）、民主政（民主主義：デモクラシー）の三つである。この分類法自体は、それほど違和感を与えるものではあるまい。むしろ、問題は、この分類が何を第一の基準にしていたのかという点にある。その解答を極めて単純に言うならば、意思決定者の数だということになろう。具体的には、それが一人なのか、一部なのか、全員なのかということである。王政には一人の支配者がおり、貴族政には一部の支配者がいる。それに対して、全員参加の民主政が、「人民による支配」なのだというわけである。

実際――奴隷や居留外国人が排除されていたという問題はあるにせよ――アテナイ型民主主義の基本理念は、「全員」の参加をその第一義的な特性とするものであった。もちろん、三権分立や基本的人権存在といった思想など、何の関係もない。市民の間の政治的平等だけは保障されていたが、個人の自律性などは認知されていなかったのだ。[*25] 民主主義の定義においては、あくまでも意思決定者の数が最も重要な基準なのである。

とはいえ、現実問題として、大きな国では、全有権者が一堂に会して直接話し合うことなど不可能であろう。だからこそ、ルソーは、「一般に民主政は小国に適[*26]」すると指摘したのである。ならば、大きな国で民主主義の趣旨を生かすには、どうすればいいか。次善の策として、民主的な代表制を模索する他はない。要するに、全有権者の縮図をなす形で代表者を選ばなければならないということになるのである。

ここまで言えば、ルソーが「抽籤による選任法は民主政の本質にかなう」と考えた理由は、もはや説明するまでもあるまい。[*27]全有権者（母集団）の縮図は、無作為抽出（ランダムサンプリング）によって構成する以外にはないからである。ルソーの言葉を借りれば、「誰が選ばれるかは一切人間の意志と無関係[*28]」でなければならないというわけである。これに対して、「選択による選出」では、選ばれた者だけによる統治が行われてしまう。この場合、血統で選ばれようが決闘で選ばれようが、はたまた普通選挙で選ばれようが、全有権者の縮図を構成しない点では何ら変わりはないのである。

いずれにせよ、伝統的な政体分類に従えば、今日の間接民主主義は、本来の民主政ではな

＊25　Jean-Michel Ducomte, La démocratie, Les Essentiels Milan, 2003, p.5
＊26　ルソー、前掲訳書、九五頁
＊27　事実、古代のアテナイにおいても、執政官（アルコン）は、選挙ではなく抽籤で選ばれていたのである
＊28　ルソー、前掲訳書、一五二頁

く、むしろ貴族政だということになろう。ルソーの言う「選挙による貴族政[*29]」である。そして、「民主主義批判の始祖」であるルソーは、この方式を強く支持した。すなわち、全市民による選挙を通じた代議制統治こそが最良だと結論づけたのである。

貴族政には、三つの種類がある。自然的なそれ、選挙によるそれ、世襲的なそれだ。最初のものは素朴な国民にしか適さないし、最後のものは、あらゆる政府の中で最悪のものだ。選挙による貴族政がもっともよい。これこそ本来の意味での貴族政だ。……誠実、知識、経験、またその他、その人を選び、その人に公けの尊敬をささげるさまざまの理由が、この選挙という方式によって、将来の善政の新たな保障となるのである。……自分たちの利益のためではなしに、多数者の利益のために多数者を支配するということが確かな場合には、もっとも賢明な人々が多数者を支配するのが、もっともすぐれた、もっとも自然な秩序である。[*30]

形式的な面だけを見れば、ルソーは、今日で言う間接民主主義を主張していたということになろう。だが、ルソーにとって、それは貴族政の一種であり、断じて民主政に含まれるものではなかった。選挙を通じた代議制統治の利点は、全員による統治を排し、一部のエリートによる統治を実現することだからである。しかしながら、一九世紀になると、歴史的な成り行きの中で、用語法の方が変化してゆく。その典型的な事例は、イギリスのJ・S・ミルの著作に見ることができる。

ルソーが、貴族政の中に「世襲による貴族政」と「選挙による貴族政」の区別を設けたのに対し、ミルは、代議制統治を「代議制貴族政治」[*31]と「代議制民主政治」[*32]とに分類した。簡単に言えば、それまで「選挙による貴族政」と呼ばれていた政体を、「代議制民主政治」だと言い換えたのである。要するに、間接民主主義のことだ。ただし、変化したのは用語法だけであり、ルソーとミルの主張は、最も根源的な次元で通底している。なぜなら、ミルもまた、「代議制民主政治」の課題を、「その国のまぎれもないエリートをふくむ」[*33]議会を構成することに置いていたからである。

このように考えると、ある意味で、ミルもまた反民主主義者だと言えるかもしれない。全員による統治を否定し、一部エリートによる統治を掲げる以上、そうならざるを得ないだろ

＊29 ルソー、前掲訳書、九九頁
＊30 同、九九―一〇〇頁
＊31 J・S・ミル『代議制統治論』水田洋訳、岩波文庫、一九九七年、一五一頁
＊32 同、一五一頁
＊33 同、一八九頁

う。しかしながら、ミルの考え方が民主的であったこともまた、否定できない。たとえ一般民衆を為政者にすることが困難でも、それを根拠に一般民衆を政治から排除すべきではなく、為政者の選任権だけは「すべての成年者」に与えるべきだと主張したのである。その意図は、あくまでも「貴族制統治」から「代議制民主政治」への移行にあった。この発想の原点は、すでにモンテスキューの中に見出すことができる。

大部分の公民が選ぶことに関しては十分な能力をもちながらも、選ばれるだけの十分な能力がない……。[*34]

代表者たちのもつ大きな利点は、彼らが諸案件を討議できることである。人民はそれに全く適しない。これは民主政の重大な不都合の一つをなしている。……人民はその代表者たちを選ぶためにのみ統治に参加すべきである。これは人民の力のよく及ぶところである。なぜなら、人間の能力の正確な程度を知る人は少ないにしても、一般に各人は、自分の選ぶ者が他の大多数の者より識見があるかどうかを知ることはできるからである。[*35]

ただし、一九世紀後半という歴史的文脈の中で「代議制民主政治」を論じたミルは、一〇〇年以上前のモンテスキューほど楽観的ではいられなかった。普通選挙制度の実現が夢物語ではなくなった状況下、物事を現実的に考えねばならなかったからである。かくして、ミルは、「選挙上の特権をえたいとのぞんでいるすべての成年者にそれが与えられていない選挙権制度は、永久に満足すべきものではありえない」[36]という思想を掲げる一方で、「わたくしがまったく容認できないことと見なすのは、読み書きと、さらに付け加えたいのだが、算数のふつうの運算ができない人物が、だれであれ選挙権に参加するということである」[37]とも述べているのだ。ミルは、次のように提案した。

登録のために出頭したすべての人に、登録官の面前で、英語の書物の一つのセンテンスを筆写し、比例算を行うように要求すること、そして定められた規則と完全な公開主義によって、このようにきわめて簡単な試験の誠実な遂行を確保することは、容易であろう。したがってこの条件は、あらゆる場合に、普通選挙に付けられるべきであり……。[38]

＊34 モンテスキュー、前掲訳書、五四頁
＊35 同、二九六―二九七頁
＊36 J・S・ミル、前掲訳書、二一八頁
＊37 同、二一九頁
＊38 J・S・ミル、二二〇―二二一頁

ミルは、「民衆世論における知性の度が低いこと」を、「代議制民主政治に付随する危険」だとしている。[*39] 制度そのものに「付随」している以上、この危険は、何をどうしても避けて通ることができない。だからこそ、同じような議論が、一五〇年もの時を隔てて再燃することになるのである。呉氏の提唱する「選挙権免許制度」は、その典型例の一つであろう。現行の間接民主主義が、本来は選挙による貴族政であり、「もっとも賢明な人々」や「その国のまぎれもないエリート」による統治を目指すものである以上、公正な試験によって投票者の「知性の度」を確保すべきだという発想は、むしろ自然なのである。たとえミルが民主的な思想を持っていたことは事実だとしても、理論的には、民主的な選任法は抽籤であり、選挙ではないことを忘れてはならない。

ここで、話は振り出しに戻る。大阪での経験が、試験や免許の有効性に疑問符を突きつけたからである。我々は、「知識を持つ者に見識や判断力がある保証はない」という事実を直視した上で、普通選挙に基づく間接民主主義の妥当性について再考しなければならないのである。それにしても、近年の日本でゴチャゴチャと議論されている問題など、はるか昔にモンテスキューやルソーやミルが取り上げているのだ。昨今の大学では、何とかラーニングとやらが大流行りだが、古典名著の熟読といった古い学問的態度を嘗めてはならない。

三．間接民主主義とは何か

間接民主主義（代議制民主政治）は、厳密に定義すれば貴族政の一形態だとしても、ミルの意図に照らせば、民主主義の一種だとみなすことも可能だろう。少なくとも、為政者の選任に「すべての成年者」が参加する以上、一般民衆が政治に対する強い影響力を与えられていることは事実である。となると、その能力や自覚などが極めて重要になる。

しかしながら、「代議制民主政治に付随する危険」は、本当に「民衆世論における知性の度が低いこと」なのだろうか。もちろん、知識を軽視するわけではない。的確な判断を下すためには、正しい知識があるに越したことはないのである。しかし、少なくとも今日の日本の場合、政治的な危機の主たる原因は、有権者の知的水準ではないように思えてならないのだ。この点に関しては、湯浅誠氏が興味深い意見を述べている。

単にお金がなくて仕事と生活に追われているということだけでなく、多少のお金が

＊39　同、一七一頁

あっても効率的に生きることに精一杯で、物理的にか精神的にか、またはその両方かで、時間がない。……単純に言って、朝から晩まで働いて、へとへとになって九時十時に帰ってきて、翌朝七時にはまた出勤しなければならない人には、「社会保障と税のあり方」について、一つひとつの政策課題に分け入って細かく吟味する気持ちと時間がありません。……だから私は、最近、こう考えるようになりました。民主主義とは、高尚な理念の問題というよりはむしろ物質的な問題であり、その深まり具合は、時間と空間をそのためにどれくらい確保できるか、というきわめて即物的なことに比例するのではないか。[*40]

この直観は、的を射ている。ただし、もう少し議論を深めることが必要だ。なぜ、政治や社会のことを考えるために割く時間や空間が、二の次、三の次にされてしまうのか。そんなことは、あたり前田のクラッカーだと思われるかもしれない。誰だって、まずは自分の幸福を第一に考えるのが当然だというわけである。それは、そのとおりだ。しかし、自分が幸福になるためには、何が必要なのだろうか。そのことを考えた場合、最も重要なことの一つは、間違いなく、自分がどんな世の中に暮らすかということであろう。

たとえば、長く内戦が続くような国に暮らす人々は、自分の幸福のために何を望むだろうか。あるいは、多くの者が低賃金長時間労働を強いられるような国に暮らす人々が幸福になるためには、何をしなければならないだろうか。さらに言えば、格差社会の中で負け組に転落する不安に苛まれている人々が、そこから解放されるためには何が不可欠なのだろうか……。極端な話、どんな時代、どんな世の中に生きるか否かが、その人物の運命に決定的な影響を与えるのである。となると、私たちは、まさに自分自身のために、政治や社会のことを考える時間や空間を重視しなければならないことになろう。全員共通の利益――全体利益ではない――こそが、その一員たる自分の利益だからである。そのこともまた、すでにルソーが指摘していた。

国家がよく組織されるほど、市民の心の中では、公共の仕事が私的な仕事よりも重んぜられる。私的な仕事ははるかに少なくなるとさえいえる。なぜなら、共通の幸福の総和が、各個人の幸福のより大きな部分を提供することになるので、個人が個別的な配慮に求めねばならぬものはより少なくなるからである。うまく運営されている都市国家では、各人は集会にかけつけるが、悪い政府の下では、集会に出かけるために一足でも動

＊40　湯浅誠『ヒーローを待っていても世界は変わらない』朝日新聞出版、二〇一二年、八四―八五頁

かすことを誰も好まない。なぜなら、そこで行われることに、誰も関心をもたないし、そこでは一般意志が支配しないことが、予見されるし、また最後に、家の仕事に忙殺されるからである。[*41]

忙しいから、政治や社会のことを考えないのではない。むしろ、人々が政治や社会のことを考えるために時間や空間を割かないからこそ、「悪い政府」が生まれ、誰もが「家の仕事に忙殺される」ようになるのである。これこそ、悪循環の典型なのだ。そのことに、気づかなければならない。この悪循環を断ち切らなければ、知識でさえ「権力の暴走を抑止し、文明の水準を保つ」ための機能を全く果たさないのである。

子どもたちから「なぜ勉強しなければならないのか？」と問われたとき、現代日本の大人たちは、いったい何と答えるであろうか。自分だけは困らないために、有利な就職のために、勝ち組入りするために、負け組にならないために、他人を出し抜くために……。だから、学歴、資格、検定、お受験……。ならば、選挙の際には、そのような動機で身に付けた知識を何のために用いるのか……。これでは、「知識を持つ者に見識や判断力がある保証はない」という奇妙な事態が生まれても、何ら不思議ではなかろう。私たちは、なぜ多額の税金を使ってまで公教育制度を維持し続けているのか。その理由が、どこの先進国でもやっているからというのでは、単なる猿真似に過ぎず、説明にさえなっていないのである。

一九世紀のミルが、「普通教育が普通選挙権に先行しなければならない」と主張したのは、選挙権を与えるということが「他の人びとおよび共同社会全体を支配する権力」を与えることに他ならないからである。[*42] 教育は、私利私欲の手段ではない。自分たちが幸福になるために、みんなで世の中を良くすること。この大前提を見失ってしまえば、公教育も普通選挙も全く無意味なのである。それを建前に過ぎないと嗤《わら》うのであれば、議会や普通選挙の全廃を主張すればよい。

もちろん、だからと言って、誰しも「悪い政府」を積極的に望んでいるわけではないだろう。ただ、「仕事と生活に追い詰められて余裕を失う人たち[*43]」には、「公共の仕事（les affaires publiques）」に割くための時間や労力が著しく不足しがちなのである。ここに、ブラック・デモクラシーが忍び込む。多くの人々が、自分自身は政治に深く関わろうとしない一方、手っ取り早い解決ばかりを望むようになるからである。だが、最少の時間と労力で最大の利益を生み出すことばかりに忙殺されて終わる人生は、あまり幸福ではあるまい。

＊41　ルソー、前掲訳書、一三二―一三三頁
＊42　J・S・ミル、前掲訳書、二一九頁
＊43　湯浅、前掲書、三一頁

四．選挙は新商品への買い替えではない

私はかつて、日本の政治状況を「水戸黄門型デモクラシー」[*44]だと評したことがある。多くの人々が、選挙を通じて、仁政を実現する名君を探し求めているかのようだからである。黄門様のように、民衆の願いに耳を傾け、世直しをしてくれる名君。そんな政治指導者が出現すれば、これほど楽な話はない。かくして、今日の日本では、名君を待望しては絶望するという悲喜劇が繰り返されることになるのである。

一九九六年の衆議院議員総選挙から導入された小選挙区制にしても、その根底にあるのは、水戸黄門型デモクラシーに他ならない。政権交代を促進するということは、結局のところ、指導者の取り替えを容易にするということだからである。これがダメならアレ…という次第で、そのうち名君に当たることを待望し続けるのだ。とは言え、政治家である小沢一郎氏が、小選挙区制度による政権交代促進を主張する理由も、分からないではない。小沢氏は、二〇一三年八月、インタビューに答える形で次のように述べている。

二大政党的な形で政権交代したのは、小選挙区制度にしたからだ。その点において

は大成功だ……。日本のような、まだ民主主義が定着していない社会では、中選挙区制、比例代表制では絶対、政権交代は起きない。悪く言えば談合になってしまう。……日本は当面この民主主義、政権交代と政治の緊張感を維持するという意味において、まだまだ日本は小選挙区制でお互いに切磋琢磨してやっていく、という事が必要だと思う。……政権交代を半世紀もしなかった非民主的な日本国において、民主主義を本当にやるためには政権交代を、それが民主主義のもっとも大きな機能だから。[*45]

つまるところ、小沢氏が言いたいのは、一党支配体制は非民主的だということであろう。そして、「俺たちが選挙に行けば、変わるのだ」という意識を国民が持つことで、一党支配を打破し、「まだ民主主義が定着していない」日本が民主化されるというわけである。なるほど、政治家の主張としては、一つの見識であるに違いない。政治家は理論家ではなく、常に現実的な前進を模索するからである。だからこそ、小沢氏は、自己の主張に「日本は当

＊44　薬師院仁志『民主主義という錯覚』ＰＨＰ研究所、二〇〇八年、一九七頁
＊45　「小沢代表、小選挙区制度と政権交代、二大政党政治の未来について語る」（共同通信社によるインタビューの要旨）八月二一日、生活の党と山本太郎となかまたち公式ウェブサイトより

面」や「まだまだ日本は」といった留保を付しているのだろう。小選挙区制と二大政党制の本家本元であるイギリスでも、その背後には、似たような考え方があった。たとえば、バートランド・ラッセルは、一九六一年、次のように記していたのである。

政治を崇拝するのは偶像崇拝の現代版で、甚だ危険であります。それに対する最も有効な下毒剤として、二大政党制が存在します。……自由は、意見が両方の側の有力な人々の間に、二つに分かれるところにのみ存在するものであります。自由は、西欧では聖アンブローズの時代に教会と国家が争ったことに端を発しました。今日、イギリスでは保守党と労働党とが争うが故に、またアメリカでは共和党と民主党とが争うが故に、自由が存在しているのです。[*46]

これは、明らかに、ヒトラー政権下のドイツや、(旧)ソビエト連邦の一党独裁を意識してなされた発言である。要するに、全体主義や一党支配との比較において、戦後西側諸国の優位性を強調していたのだ。ともあれ、二大政党制の下では、たしかに政権批判が自由に行なえるに違いない。反政府側に立つ人々が、自分たちだって負けないくらい強いのだと思えるからである。実際、反対派の分断を謀り、大きな対抗勢力の形成を阻止するのは、独裁者の常套手段なのだ。となると、ラッセルの考えるとおり、独裁や全体主義や一党支配を防ぐにためには、常に強力な野党勢力を持つ二大政党制が非常に効果的だと言えるであろう。

しかしながら、それが代議制民主政治の理念に適うとは言い難い。ミルが主張したのは、二大政党制ではなく、「数に比例した代表」であった。二大政党制が時の多数派（＝勝者）による統治であるのに対して、あくまでも「全員による統治」という理念を重視したのだ。選挙で勝った側に任せるというのでは、二大政党制であれ何であれ、結局のところ、勝者と敗者、支配者と被支配者を生んでしまうからである。

選挙が支配者の選択や返品交換の機会に堕してしまうと、勝ち負けだけを決めればよいことになってしまう。特に、今日の日本のような状況では、これがダメならアレ…といった具合に、まるで育毛剤やダイエット食品を選ぶような支配者選びが促進され、手っ取り早い問題解決ばかりが望まれてしまうのだ。

大阪の場合、そこに橋下氏がやって来た。今まで使っていたダイエット食品では痩せなかったのなら、新商品を試さないのは馬鹿か、さもなければ旧商品の売り上げを落としたくない既得権益者だということになる。派手な宣伝を繰り広げ、新商品を売り込み、旧商品を

＊46　バートランド・ラッセル『民主主義とは何か・自由とは何か』牧野力訳、理想社、一九六二年、四八頁

貶《おとし》めれば、そういった事態を作り上げることができてしまうのだ。賢い消費者なら、「新商品を試させろ！」と叫ぶだろう。そして、「反対するなら別の新商品（タイアン）を出せ！」と文句を言うだろう。その典型こそ、「僕は大阪都構想で変えるのが面白い、地盤沈下の大阪に活力を蘇らせる事になると思っていたので残念だ」という田原総一朗氏であり、「反対派は何も対案を出さず、ただ既得権を守れと主張するだけだった」と批判する池田信夫氏なのだ。そして、これこそが、今の日本で求められている〝賢さ〟なのである。

五．議員定数削減という要求の矛盾

ミルは、「全員による統治」という観点から、「数に比例した代表という民主政治の第一原理[*47]」を最重視した。当然のことながら、「全員による統治」を理想とするならば、できる限り多様な民意を議会に反映させることが課題になるからである。となると、少数諸派もまた国民の一員である以上、それを代表する議員も不可欠だということになる。実際、ミルは、「多数派だけではなくすべてのものを代表する代議制民主政治[*48]」において、「少数諸派が適切に代表されるということは、民主主義の本質的な部分[*49]」だと主張しているし、オーストリアのH・ケルゼンもまた、「少数保護は議会主義デモクラシーのあらゆる近代憲法において保障せられているいわゆる基本権、自由権、または人権、公民権の本質的な機能である」[*50]と明言しているのである。

もちろん、できる限り多様な民意を政治に反映させるためには、十分な議員定数が不可欠だ。定数が不十分なら、多数派の代表しか議員になれず、少数派の代表が入り込む余地などないからである。しかしながら、勝った側に支配を委ねるのなら、極端な話、負けた側――つまりは少数派――の議員は不要品でしかなくなる。一方、勝った側の議員にしても、最小限でいいだろう。絶対数が何人であろうとも、多数決の結果は同じなのだ。かくして、日本では、議員定数の削減が、あたかも自明な善であるように語られるのである。黄門様のような名君さえいれば、あとはオマケのようなものなのだ。

実際、日本の場合、国でも地方でも、人口当たりの議員数が非常に少ないと言わざるを得ない。約一億二六八九万の人口に対して、衆議院議員（下院）の定数が四七五しかないのである。これに比べて、人口六六〇〇万強のフランスの下院定数は五七七、さらに人口が少な

＊47　J・S・ミル、前掲訳書、一七九頁
＊48　同、二一二頁
＊49　同、一七九頁
＊50　ケルゼン『デモクラシーの本質と価値』西島芳二訳、岩波文庫、一九四八年、八二頁

い イギリスの下院定数は六五〇、そして、人口八〇〇〇万強のドイツにも六二〇人の下院議員がいるのだ。また、各州自体が一つの国家（ステート）であるアメリカでは、ほとんどの州に上下両院が置かれ、人口一三〇万強のニューハンプシャー州でさえ、その下院定数は四〇〇なのである。これらに比べて、日本の下院に当たる衆議院の定数は、四七五でしかない。人口比で見れば、英仏の半分未満である。

だからといって、イギリスやフランスの国民が、議員定数を減らせと訴えているわけではない。歴史的にみても、民主化要求は、「自分たちの代表を議会に送れ！」という主張であった。逆に、国民の側が議員定数の削減を要求するということは、「自分たちの意見を議会に届ける必要はない！」、「自分たちの代表を減らせ！」ということになってしまうのだ。政治不信を嘆くのであれば、「もっと自分たちの代表を議会に送れ！」と訴えるのが論理的であろう。もちろん、十分な議員定数の維持には、それなりの財源が不可欠だ。だが、何に税金を使うかを考えた場合、民主的な政治の確保ほど重要なものは少ないだろう。それがなければ、何もかも無意味だからである。

しかしながら、民主主義を単なる多数決による勝ち負けだと誤解してしまうと、最多数派の意見に従うことが正しく、少数派は単なる負け組だということになってしまう。その実例は、上山信一氏による次のような発言である。

民主主義は、市場競争原理を政治に応用しています。たとえば、選挙や多数決はマーケットシェアをたくさんとった人が勝つ。市場競争原理そのものです。[*51]

まあ、これが正しければ、モンテスキューもルソーもミルもケルゼンも全て間違っていることになり、確実に世界史に名を残す大発見なのだろうが……。ともあれ、大阪維新の会が有識者として名を挙げる上山氏による独創に満ちあふれた新理論を突き詰めれば、最大多数の支持を得た一人の指導者さえいれば、議会など不要だということになってしまう。橋下氏の民主主義観は、この発想に立脚している。だからこそ、鳥取県議は「六人でいい」[*52]と言う一方で――一つの大阪市を五つの特別区に分割することで――首長の数を増やせば住民の声が届きやすくなると言うのだ。多数決で第一位になった者が統治するのが正義である以上、その選挙単位を小さくすることが民主的な地方自治の実現だというわけである。

もちろん、「僕が直接選挙で選ばれているので最後は僕が民意だ」[*53]といった、勝ち組たる

＊51　上山信一『大阪維新：橋下改革が日本を変える』角川SSC新書、二〇一〇年、八七頁
＊52　『朝日新聞DIGITAL』二〇一一年五月二四日　一八時二六分
＊53　『毎日新聞』二〇一〇年一月二九日（夕刊）

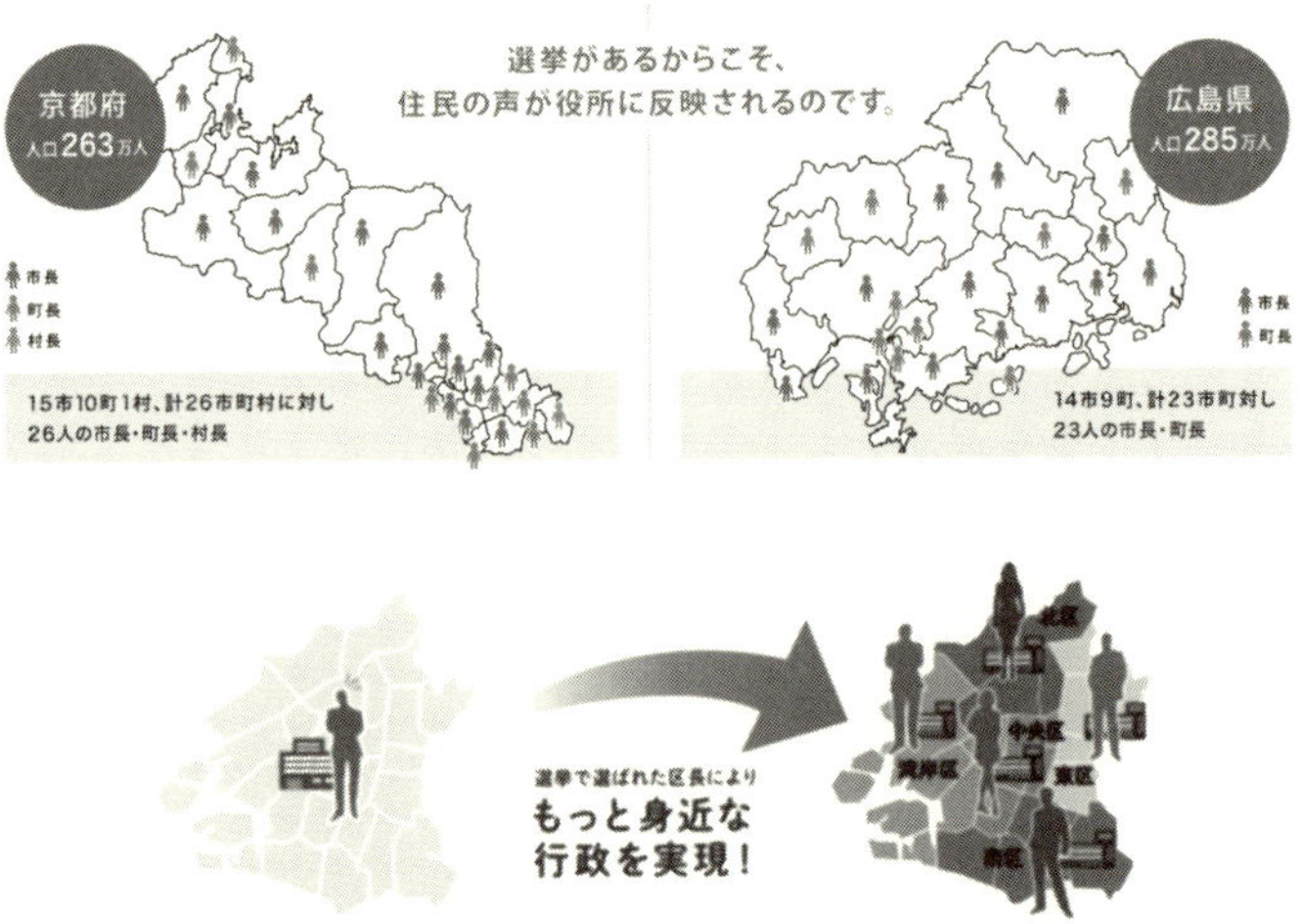

大阪維新の会が頒布したビラより

多数派代表に全員が従えという主張は、本来の民主主義とは全く相容れない。橋下氏の考え方は、民主主義よりも、むしろ全体主義に近いのである。

かくして、橋下氏の方針の下、大阪府議会議員の定数は、一〇九人から八八人に減らされてしまった。大阪市内の場合、福島区と此花区が合区されて二区で定数一、同様に天王寺区と浪速区が合区されて二区で定数一となり、府下市町村では、柏原市と藤井寺市が合区されて二市で定数一になった……等々といった具合なのである。その結果——一例を挙げれば——橿原市と藤井寺市のうちのどちらか一つは、自市からの代表を府議会に送れなくなったのだ。となると、両市から不満の声が上がるのは当然だろう。その声を切り捨てたのが、橋下氏の実績なのだ。

ちなみに、人口が二二五万弱で面積は一〇五平方キロ強しかないパリの場合、市議会議員が一六三人（その中から市長を選ぶ）もいるばかりか、それぞれに区議会を持つ二〇の行政区を擁し、総勢三六四人の区議会議員が配置されている。各区を選挙区とする市議会議員選挙と同時に、区議会議員選挙を実施するのである。ただし、パリの区議会は、あくまでも行政区の議会であり、市議会のような決定権はない。各区議会は、区議会議員に加え、自区選出の市会議員によって構成され、区の意見や要望を市議会に届ける役割を担っているのだ。人口二四万弱のパリ一五区を例にとれば、区選出の市議会議員が一八人、区議会議員が三六人、合計五四人で区議会を開くのである。少数意見を無視せず、全員による統治たる民主主義を実現するのは、この程度の代表者数は、決して無駄ではないということであろう。なお、パリ市議の月給は四八〇七・六ユーロ（二〇一四年）である。

これに対して、現代の日本では、民主的な目的が軽視され、政治を最小限の費用で片付けようという傾向が強い。だからこそ、議員定数の削減が求められるのだ。さらに、現代の日本では、これまた民主的な目的が軽視され、最小限の労力で善政を手に入れようとする傾向が強い。だからこそ、選挙が支配者を返品交換する手段に堕してしまうのだ。しかし、安価で手っ取り早い解決など、永遠にやって来ないだろう。かくして、政治不信という状況が慢性化してしまうのである。

もちろん、日本型の政治不信もまた、悪循環の典型に他ならない。安上がりの政治を求め、少ない議員数で済ませようとすれば、国民や住民の声が政治に届かなくなるのは当然であろう。となると、人々の不満が高まるのも当然なのだ。そして、さらに政治不信が進み、さらに議員が減らされ、さらに民意が反映されなくなるという次第である。こうした文脈の中で、国民投票や住民投票といった、議会での合意形成を経ない決定法が支持を集めてゆく。

六. 権力分立と首長制度

民主主義は、手続きではない。統治者を選挙で選べば、それで民主主義になるわけではないのである。間接民主主義にしても、「数に比例した代表という民主政治の第一原理」の尊重を抜きにしては成立しない。そして、数に比例した代表を確保できるのは、十分な定数を持つ議会だけであろう。これに対して、橋下氏は、議員定数を減らし、首長の選挙単位を小さくすることが民主的な地方自治の実現だと主張する。だが、市区町村に一人しかいない首長は、どう考えても「数に比例した代表」にはならないのである。その選挙もまた、勝ち負けにしかならない。ケルゼンが喝破するとおり、「幾百万をもって数える選挙民に対して、ただ一人が被選挙人として対立するならば、国民の代表の思想はその最後の資格証明書を失わねばならない」[*54]のである。

ここでケルゼンが批判しているのは、アメリカの大統領制に他ならない。首相が置かれていないアメリカでは、大統領が行政権を一手に担っている。その大統領が、直接選挙によって一人だけ選ばれるのだ。これでは――日本の首長と全く同様――数に比例した代表という原則を無視した極めて非民主的な方式になってしまう。ところが、日本の学校教育は、アメリカの大統領制を、厳格な権力分立を実現する非常に民主的な制度だと教えている。そして、これまた学校で習った知識によると、権力分立の理論を明確化したのは、『法の精神』（一七四八年）を著したフランスのモンテスキューだということである。ちなみに、立法権と行政権（執行権）の分離に関しては、すでにイギリスのロック（一六三二～一七〇四）によって論じられていた。モンテスキューは、その二権に司法権を加え、三権の分立という理論を展開したのである。ただし、この二人の思想全体に大きな共通性があったわけではない。

なるほど、モンテスキューが、立法権力（立法権）、執行権力（行政権）、裁判権力（司法権）の分立について論じていることは事実である。ただし、『法の精神』という大著の中で、

＊54　ケルゼン『デモクラシーの本質と価値』前掲訳書、一一一頁

権力分立を扱った章は、全体のわずか一〜二%に過ぎない。しかも、その章のタイトルは、「イギリスの国制について」というものであり、「権力分立について」ではないのである。もちろん、重要なことは、分量やタイトルではなく、内容であるに違いない。そこで、『法の精神』に実際に書かれた文言を、少しばかり振り返ってみよう。おそらく、『法の精神』におけるモンテスキューの主張の中で、我々が学校で習った知識の根拠となっているのは、次の記述だと思われる。

もしも同一の人間、または、貴族もしくは人民の有力者の同一の団体が、これら三つの権力、すなわち、法律を作る権力、公的な決定を執行する権力、犯罪や個人間の紛争を裁判する権力を行使するならば、すべては失われるであろう。*55

ここでは、たしかに権力の独占が否定されている。逆から考えれば、その分立が強く推奨されていると理解してもよいだろう。しかし、モンテスキューは、ただ単に、権力の独占を否定視しているだけであって、民主主義の実現を訴えているのではない。この点に関して、ケルゼンは次のように述べている。

モンテスキュー以来、権力分立の教義とともにのべられた政治的意図もまた、デモクラシーのために途を準備するものでは決してなく、むしろ反対に、民主主義運動によって立法からほとんど追出された君主に対して、執行の領域においてなお権力伸張の可能性を与えるためのものであった。[*56]

三権分立を民主主義の基本原則だと教えられてきた者にとって、ケルゼンの言葉は奇異なものに感じられるかもしれない。しかし、理論的に正しいのは、ケルゼンの方である。エミール・デュルケームもまた、「モンテスキューは明らかに彼のいう君主政に優位を認めていた」[*57]と指摘しているのだ。そのことは、権力分立を論じるにあたって、モンテスキューが次のように明言していることを知れば、誰の目にも明らかであろう。

執行権力は君主の手中におかれるべきである。……君主が存在せず、執行権力が立法

＊55　モンテスキュー、前掲訳書、二九二頁
＊56　ケルゼン『デモクラシーの本質と価値』前掲訳書、一一〇頁
＊57　エミール・デュルケーム『モンテスキューとルソー』小関藤一郎・川喜多喬訳、法政大学出版局、一九七五年、一四二頁

府から選ばれた若干の人々に委ねられるならば、もはや自由は存在しないであろう。[*58]

つまり、立法権力が議会に与えられるのであれば、執行権力（行政権）の方は「君主の手中におかれ」なければならず、そのことによって初めて両権力が分立されるというわけである。モンテスキューは、民主主義を訴えるどころか、明らかに君主の存在意義を強調していた。新興ブルジョワ層が台頭する時代の中にあって、モンテスキューは、あえて君主の存在を正当化するための理論的根拠を提出しようとしたのだ。要するに、「同一の人間」あるいは「同一の団体」が三権を独占しないように、国王という人間、貴族の団体、平民の団体の間で権力を分立させなければならないというわけである。この場合、国王がいなければ三つが揃わない。だからこそ、デュルケームの指摘するとおり、「モンテスキューが政治的自由を君主政に固有のものと考える」[*59]ことになったのである。いずれにせよ、モンテスキューの言う三権分立とは、王、貴族、平民の三者の間で権力を均衡させることに他ならない。

それならば、君主が存在しないにも関わらず、厳格な権力分立を民主主義の基本原理に据えるアメリカ型の政治体制は、どのように理解すべきなのだろうか。歴史的に見れば、この問に対する解答は、それほど難しいものではない。すなわち、ケルゼンが指摘するとおり、「合衆国の大統領の地位は、意識的に英国国王の地位を模倣している」[*60]からである。その場合、「立法からほとんど追出された君主に対して、執行の領域においてなお権力伸張の可能性を与える」という権力分立の目的は、何ら変わるものではない。事実、初期のアメリカの大統領は、ワシントンもアダムズもジェファーソンもマディソンも、王家ではないにしろ、全て名家か上流階層の出身であった。

モンテスキューの論法を要約しよう。まず、各国家には、立法権力、執行権力、裁判権力の三つが不可欠である。そして、現実の世の中には、様々な地位や身分や階級に属する人々が混在している。となると、ある権力が無視されたり忘れ去られたりしないようにするためには、各権力を別々の団体や人物に担わせ、互いに競争させるのが効果的だということになろう。このような次第で、公的な諸機能を異なった人間に配分し、権力を分立させる必要があるという結論が導き出されたのである。

この考え方は、議会（立法府）のあり方に関しても変わるところがない。モンテスキューは、自らの権力分立論に基づいて、貴族の代表と平民の代表から成る二院制議会を推奨したのである。もちろん、貴族の立場を擁護するためであった。モンテスキューの言葉を続けよ

＊58　モンテスキュー、前掲訳書、二九八―二九九頁
＊59　デュルケーム、前掲訳書、三七頁
＊60　ケルゼン『デモクラシーの本質と価値』前掲訳書、一一一頁

う。

立法権力は、貴族の団体にも人民を代表するために選ばれる団体にも委ねられ、両団体はそれぞれ別々に会議と審議をもち、別個の見解や利害をもつであろう。[*61]

すなわち、立法権自体もまた、特定の階級や身分の者に集中されてはならず、人民（平民）と貴族という異なった団体に分有されなければならないということである。これを知れば、イギリスの議会が庶民院（House of Commons＝平民院）と貴族院（House of Lords）の二院制になった理由もまた、理解し易いものとなろう。

いずれにせよ、アメリカの大統領制度や日本の首長制度は、決して民主的なものではない。このことを理解していなければ、安易に名君の到来が期待され、選挙が為政者の取り替え機会と化し、短絡的な議員定数削減が叫ばれることになってしまう。その結果、当然のことながら、多くの民意が政治に反映されなくなり、挙げ句の果てには「自分たちの直接表決で決めさせろ！」ということになるのである。だが、住民投票や国民投票もまた、それほど民主的な決定方法ではない。

七．住民投票とポピュリズム

大阪維新の会幹事長でもある松井一郎大阪府知事は、二〇一四年一〇月、住民投票のことを「究極の民主主義」と表現していた。[*62] この発言には、大阪維新の会や橋下代表の民主主義観が端的に映し出されている。話し合いを重ねて解決を目指すのではなく、有権者による投票で一度に決着を付けるというわけである。だが、住民投票や国民投票による直接表決は、熟議による合意形成ではなく、多数決による勝ち負けに過ぎない。住民が二派に分断されて争った挙げ句、少数意見は切り捨てられ、多数派支配だけが残るのである。それにも関わらず、今日の日本では、政治不信を背景に、この種の決定法に対する支持が少なくない。

たしかに、歴史的に見ても、住民投票や国民投票による直接表決には、政治を担うエリート層への批判という側面があった。それはまた、ポピュリズムの原型でもある。ここで、議論を進めるに当り、用語を整理しておこう。国民投票も住民投票も、基本的には「レファレンダム」の翻訳語である。日本では、その全国規模のものが国民投票（national referendum）、地方規模のものが住民投票（local referendum）と呼ばれることが多い。ただし、注意が必要だ。

＊61　モンテスキュー、前掲訳書、二九七頁
＊62　『産経ニュース』二〇一四年一〇月二四日、一七時八分

元来のレファレンダムは、必ずしも「投票」を指すわけではなく、単に直接表決という具体手続を意味するものでもない。それは、政府や議会の決定に対する人民の側からの審査を広く含意する言葉なのである。

今日、国民投票や住民投票が最も頻繁に実施されている国は、スイスであろう。ただし、同国の場合、政治体制そのものが独自であるため、周辺の欧州諸国でさえ、その事例を特殊視する傾向が根強い。スイスは、一八一五年から永世中立を続け、EU（欧州連合）にも未加盟であることからも分かる通り、自治と自律の精神が極めて強い国である。そこでは、早くも一三世紀頃から自治州や自治都市の内部で直接民主的な統治が行われており、今日の政治体制もまた、その延長線上にある。つまり、他のヨーロッパ諸国とは異なり、まず議会制度の土台があり、その上に直接表決が追補されたのではないのである。

とは言え、同様の住民自治は、かつてはアメリカの一部にも見られた。会衆派教会が多数派であったニューイングランド地方では、独立前の一七世紀頃から直接民主的な統治が行われており、住民発案（initiative）も住民表決（referendum）——I&R——も特に珍しいことではなかったのだ。具体的には、住民の側から法案を発し（I）、その可否を全住民が審査する（R）というわけである。しかし、スイスの場合とは異なり、今日のアメリカ各地で広く行われている住民投票は、この歴史を直接的な起源とするものではない。実際、アメリカの場合、地方規模での住民投票はEU諸国よりも概して活発であるが、連邦規模の国民投票は、これまで一度も行われたことがないのである。

おそらく、今日的な「レファレンダム」の原点は、フランス革命期に求められよう。一七八九年の「人及び市民の権利宣言（フランス人権宣言）」が謳う国民主権が、その正当性の根拠になったのである。ただし、当時のレファレンダムは、直接投票による表決という具体的行為を意味していたのではない。それは、代議制の立法府に対する国民の側からの審査、言わば人民による下から上への検閲（censure du peuple）という原理を指すものだったのである。

実際、一七九三年憲法は、二〇〇～六〇〇人の有権者全員――定住六ヶ月以上――を単位とする小郡の集会（assemblée primaire）に、国法に対する一種の審査権を与えていた。具体的には、立法府が可決した法律は、提案として全国各地に送付され、その後満四〇日を過ぎても管内の一〇分の一以上の小郡（canton）から異議の出た県が過半数満たない場合にのみ、その法律は正式に採択されるとされたのである（第五九条）。

しかしながら、この一七九三年憲法そのものは、革命の激化の中で発効が見送られてしまった。そして、そこに盛り込まれたレファレンダム制度もまた、国民主権あるいは人民主権の理想を刻む記念碑と化してしまったのである。ともあれ、この時期以後、ヨーロッパ諸国でも、レファレンダムが直接投票による表決を指すようになってゆくのだが、その歴史は決して輝かしいものではなかった。

だが、大西洋の対岸では、別の事態が進行してゆくことになる。アメリカでは、南北戦争（一八六一―六五年）後、金ぴか時代（Gilded Age）と呼ばれた急速な経済発展の中で、強盗男爵（robber baron）と揶揄される富豪が次々と誕生した反面、貧富の格差が拡大し、農民や労働者の不満は高まっていた。こうした中、経済界と癒着する政界人に対する不信感が高まり、一八八〇年頃には農村部を中心にポピュリズム運動（populist movement）が芽生え始めたのである。その運動の担い手は、各地で誕生した人民党（people's party）と呼ばれる勢力であった。そして、一八九一年に全国組織となった人民党は、翌年の大統領選挙ではジェームズ・ウィーバーを候補に立て、約八・五％の票を獲得したのである。

人民党を軸とする米国のポピュリズム運動は、鉄道公営化やインフレ促進（＝借金軽減）などに加え、イニシアチブとレファレンダム（I＆R）の導入を強く主張していた。その根底にあったのは、政界エリート層に対する反感と不信感に他ならない。要するに、イニシアチブやレファレンダムは、当初から、反エリート主義とポピュリズムに直結していたのである。ただし、ここでも注意が必要だ。この時代のポピュリズムは、一部エリート層による政治的支配を廃し、それを人民の手に取り戻そうという動きであって、そこに大衆煽動や迎合政治という意図があったわけではない。

いずれにせよ、少し後れて都市部で高まった革新運動（progressive movement）とも連動しながら、一八九八年の南ダコタ州を皮切りに、アメリカ各地でイニシアチブやレファレンダムといった制度が導入されてゆく。一九一二年に結成された革新党（Progressive Party）もまた、イニシアチブと一般票決（popular vote）を主張していたのである。とは言え、北東部の諸州では、既に代議制民主主義が根付いた所が多く、この動きは概して低調であった。それでも、州レベルで見た場合、早くも二〇世紀初頭期までに何らかの形でイニシアチブやレファレンダムを採用した州は二四に上るのである。

そもそも、二〇世紀の敷居を跨いだ時点で、君主や皇帝などが存在しない国は、世界中を見渡しても、フランス、スイス、米国のみであった。その中で、米国とスイスでは住民投票または国民投票が活発化した一方、フランスでは、幻の一七九三年憲法以後、ヴィシー政権の崩壊までの一五〇年間、国民投票を行ったのは両ナポレオン――一世と三世で計七回――だけだったのである。その歴史を通じて、レファレンダムが直接投票による表決と同一視されるようになったと同時に、それが独裁者の手法だという印象が深く刻み込まれることになった。かくして、ナポレオン三世の退位後に成立した第三共和制下では、右派から左派に至るまで、大半の政治家がレファレンダムに対して極めて懐疑的で、それが実施されることは一度もなかったのである。

第二次大戦後の西ヨーロッパ諸国では、両ナポレオン期の経験に加え、ヒトラーの記憶が追い討ちをかけた。ヒトラーもまた、直接投票による表決を多用したのだ。かくして、権力者が自らの権限や政策を問う直接投票（プレバサイト）は、とりわけ独裁色が強いものとして非常に嫌悪されるようになった。それは、人民による下から上への検閲とさえ言えないからである。なるほど、フランスの一九五八年憲法では、「レファレンダム」が国民主権を行使する一方法として明文化されることになった。しかし、その実施は公権力制度や対外条約に限定されていたし、地方レベルでは、一九七一年まで、市町村合併以外の件での住民投票が法律で厳禁されていたのである。もちろん、その背後にあるのは、独裁と大衆煽動の苦い経験に他ならない。この実体験の中で、国民投票や住民投票の根源であるポピュリズムが、迎合政治や大衆煽動という意味を帯びるようになったのである。

先述の通り、元来のポピュリズムは、大衆煽動や迎合政治を意図するものではなかった。しかし、直接投票による表決は、不特定多数の者に単純な択一式の設問を提示した上で、ただ頭数の論理による結論を即座に求めることしか出来ない。現実として、それ以外には有り得ないのだ。それは、相互に深く議論をした者たちによる合意形成を旨とする議会制民主主義の否定でもある。しかも、単なる多数決は、全体の利益を無視した多数派支配を生み出しかねないのだ。このような事態は、まさに悪い意味でのポピュリズムに他なるまい。特に、投票者が初めから二派に分断されている場合、対話なき直接表決は、相互の敵意を増幅することにしかならないだろう。

今日の欧州諸国では、住民投票や国民投票に対する賛否が、民主主義が抱えるジレンマとして理解されることが多い。すなわち、「人民による政治」と「人民のための政治」が、実際には両立しないという板挟み状況である。直接投票による表決は、民主主義の形式的側面に照らせば肯定されるのだが、民主主義から期待される成果に照らせば、否定されざるを得ないのだ。民主主義の基本定義は「全員による統治」でしかなく、形式的には、とにかく全員参加で決めれば民主的だということになってしまうからである。他方、間接民主制（代議制民主政治）は、形式的にみれば、選挙による貴族政に他ならない。

かくして、人民による政治を重視する「ポピュリズム（人民主義）」と、人民のための政治を重視する「エリーティズム（エリート主義）」との間で、解決不能な両刀状態が成立することになる。はっきり言ってしまえば、経験的事実に照らす限り、「人民のための政治」を実現して来たのは、「人民による政治」ではなく、むしろエリート主義に立つ代議制民主政治なのである。

なるほど、近年の欧州諸国では、独裁者の手法として禁忌されて来た直接表決が、議会制民主主義の機能不全を補う手法として、改めて注目され始めていた。しかし、近年のスイスでの出来事が、それに水を差してしまう。そこでは、二〇〇九年一一月、ポピュリスト右翼(droite populiste)の呼びかけによって、ミナレ(イスラム寺院の尖塔)の建設が国民投票で禁止されてしまったのである。これは、周辺諸国に大きな衝撃を与えた。何ら実害のない私的行為が禁止された上、信教の自由までもが危機に陥ったからである。要するに、直接民主型の手続によって、極めて非民主的な少数派排除が生じてしまったのだ。おそらく、この経験もまた、住民投票や国民投票に対する苦い思い出として、歴史の一頁に付け加わることになるであろう。

いずれにせよ、直接投票による表決は、今日の日本で想像されているほど〝民主的〟な手法ではないのである。極端な話、択一式の多数派争いに負けた側にとって、その表決は、絶対君主による一方的な命令と同じことなのだ。そこには、勝敗しかない。だが、ケルゼンが指摘する通り、「対立する集団の利害を調整して妥協させることができなければ、民主制は成立しえない」のである。もちろん、現行の間接民主制が絶対であるはずはない。しかし、国民投票や住民投票が、それ以上の成果を実現する根拠も、どこにも存在しない。政治不信が強い日本の場合、ただ単に、自分たちに投票させろという世論だけが存在するのである。

八．ブラック・デモクラシーの挫折

現代のポピュリズムは、エリート支配への反発という面だけは従来と同じであるにせよ、むしろ大衆煽動や迎合政治といった性格を色濃くしている。現代的なポピュリズムは、ジャン－ピエール・リウ氏が見抜いている通り、何よりも「動員の技法（une technique de mobilisation）」[*63]なのである。現象的には、大衆動員の技法と言った方が分かり易いかもしれない。ともあれ、それは、基本的に手法なのであって、主張や政策の内容によって定義されるものではない。事実、ポピュリスト右翼もポピュリスト左翼も存在するのである。となると、右や左といった政治思想の全く欠落したポピュリストも存在可能だということになろう。その場合、政策の中身が何であれ、主張の内容が支離滅裂であれ、時には嘘をつこうとも、大衆動員力に物を言わせて多数派を獲得することだけが目的とされてしまうのだ。これこそ、ブラック・デモクラシーと呼ぶにふさわしい態度であろう。そして、こうした勢力が、議会的な合意形成ではなく、住民による直接表決を求めることは、考えてみれば自然なのである。いわゆる〈大阪都構想〉なるものは、まともな議論に耐えられる内容ではなかった。さら

＊63　Jean-Pierre Rioux , *Les populismes*, PERRIN, 2007, p.14

に、その具体的な設計図として示された「特別区設置協定書」に至っては、まさに「やっつけ仕事」であり、「突貫工事の不良品」に他ならなかった。[*64] 当然、そんなものが他党の賛同を得られるはずはなく、少なくとも「特別区設置協定書」の内容に関しては、大阪維新の会以外の全会派が反対したのである。

それでも、橋下氏は、何が何でも住民投票での決着を主張した。住民投票になれば、絶対に否決されるはずはない。橋下氏は、そう確信していたのだろう。おそらく、多くの者が同じように感じていたに違いあるまい。本人も含め、誰もが橋下氏の大衆動員力を知っていたからである。だからこそ、勝ち馬に乗ろうとする賢者たちが山ほど現れたのだ。かくして、住民投票が告示されると、橋下氏は、大量の資金を投じた宣伝攻勢を仕掛けたのである。

大阪市を廃止し、5つの特別区に再編する大阪都構想の賛否を問う住民投票が5月17日に迫るなか、橋下徹・市長率いる大阪維新の会のPR作戦がますます熱を帯びている。「GW中、どこに行っても橋下の顔、顔、顔。『もうええわ』とうんざりするほど見た」（大阪市在住の男性）。テレビでは「CHANGE OSAKA! 5・17」と書かれたTシャツを着た人たちが次々と「チェンジ、大阪!」を連呼し、最後に橋下市長が「都構想で大阪をもっと住みやすく」と語るCMを繰り返し放映。市内にはラッピングトラックが走り回り、大型看板が10か所に設置されるなど、どこへ行っても住民投票の宣伝と鉢合わせる。今回の住民投票は公職選挙法に準じた扱いで実施されるため、有権者への飲食の提供や戸別訪問は禁じられる一方で、特定の候補者がいないためCMやチラシ、看板の数量については実質無制限。メディア戦略に長けた橋下市長はここが勝負所とみて、告示直後から大量にCMを打っている。維新の会が投入する住民投票の広報予算はおよそ5億円。国政政党である維新の党が得た政党助成金や維新の会への個人寄付から捻出している。まさに党を挙げての全力投球だ。[*65]

橋下氏は、「CMやチラシ、看板の数量については実質無制限」という状況下、得意の「メディア戦略」を駆使して大衆動員を狙ったのである。ブラック・デモクラシーは、その勝利まで、あと一歩のところまで迫った。だが、周知のとおり、結果は、たとえ僅差とは言え、奇跡的ものとなった。橋下氏は、負けるはずのない勝負に敗れたのだ。そして、その理由を真っ先に理解したのは、敗れた本人であった。橋下氏は、住民投票での否決が確定した直後の記者会見で、「大阪市民のみなさんが、おそらく全国で一番政治や行政に精通されて

＊64　『産経ニュース』二〇一四年一〇月二七日、二〇時五八分
＊65　「橋下『5億円PR作戦』と既得権」『週刊ポスト』二〇一五年五月二二日号

いる市民ではないかと思っています」と述べたのである。中身を知られると、賛成は得られない。橋下氏は、そのことを誰よりも知っていたのだ。だからこそ、「メディア戦略」を駆使したイメージ作戦で深い議論を遠ざけ、「大阪都」の一言で手っ取り早い解決を喧伝したのである。そうすることで住民投票を乗り切れると信じていたのであろう。

しかしながら、大阪市を廃止するか否かは、大阪市民にとって身近かつ重大な問題であった。なので、最後の審判が近づくにつれ、多くの大阪市民が、「義務教育レベルの知識」さえ怪しい者も含め、大阪市の廃止分割について考えるために、時間と意識を割き始めたのだ。大阪市の廃止分割が、イメージや他人事ではなく、自分に関わる現実的な問題となったからである。この事態は、「仕事と生活に追い詰められて余裕を失う人たち[*66]」が、「公共の仕事（les affaires publiques）」に目を向け始めたと表現してもよいだろう。今回の場合は、四月二七日の告示から投票日まで、三週間の運動期間があったことも大きかった。単なる知識だけではなく、よく考えるための時間も重要だからである。

五・一七住民投票は、多くの大阪市民にとって、うんざりするような経験であった。市民をまとめるリーダーであるはずの大阪市長が、市民を分断し、激しく争わせたからである。橋下氏の手法は、分割統治なのだ。だからこそ、いわゆる反対は逆に団結した。自民党、公明党、共産党、民主党、そして、これまで政治活動に関わったことのないような人々、こうした様々な思想や信条の持ち主たちが、共に話し合い、譲り合いながら、一つになって「反対」を呼びかけたのである。大型看板を作るだけの資金はなかったが、一人一人がポスターを貼って歩いていたのだ。これもまた、うんざりするような仕事であったに違いない。

だが、反対を呼びかけるポスターは、住民投票が終わると、あっという間にほとんど全て街から消えていた。そのことに、話し合いと譲り合いを学んだ人々のメッセージを読み取ることができるだろう。——一筋の光明とともに。

勝者であることを拒否する。

大阪市の民主主義は、大阪市民全員で担ってゆくものだから。

おわりに

たしかに、「民衆世論における知性の度が低いこと」は、「代議制民主政治に付随する危険」なのかもしれない。したがって、国民の知識水準の向上を図ることは、国家にとって必

＊66　湯浅、前掲書、三一頁

須の課題であるに違いない。実際、正しい情報や知識の普及を軽視するような社会において、民主政治が発展するわけはないだろう。ならば、「民衆世論における知性の度が低いこと」を非難する前に、しなければならないことがある。言うまでもなく、正しい情報や知識を、広く的確に伝えることだ。

だが、現状はどうか。詐欺のような政治宣伝を撒き散らして大衆動員を図る政治家や政党、時の権勢に便乗しようとする似非《えせ》有識者、そして、それらの言辞を無批判に垂れ流し、さらには増幅さえ行なうテレビ放送。これでは、ただでさえ生活に追われている人々に、正しい知識や情報など伝わるはずがない。極端な話、嘘を吹き込まれた大衆が無知だとしても、騙された方が悪いことにはならないだろう。まずは、知識を持つと自負する者たちが、その責任を果たさなければならない。そうでなければ、学者や政治家に反発する人々を責める資格はないのである。

結局のところ、政治家も勤労者も学者も家庭人もマスコミ関係者も、そして高齢者も若者も含め、全ての人々が自分たちの問題として政治に関与することによってしか、ブラック・デモクラシーを追放することはできないのである。そんなことは、夢物語なのか。たとえそうだとしても、まだ見ぬ世代が生きる未来に大きな夢を馳せるのも、悪いことではあるまい。自分たちの責任を果たした上で、解答は、後の世代に任せよう。

おわりに

中野剛志

　大阪都構想を巡る大阪市の住民投票が行われてからおよそ一ヵ月後、国会で公職選挙法の改正案が成立した。これにより、選挙権が得られる年齢が二〇歳以上から、一八歳以上へと引き下げられることとなった。

　ということは、だいたい高校生までには、民主政治の何たるかを正しく理解しておかなければならないということだ。

　政府もそのように考えているようで、数年前から「主権者教育」なるものを推進してきている。

　例えば、平成二三年、総務省の下に設置された研究会が、「社会に参加し、自ら考え、自ら判断する主権者を目指して」と題する報告書をとりまとめている。この報告書は、社会に対して積極的に意見を述べ、参加する「アクティブ・シティズン（能動的市民）」の育成を謳っている。

同じような動きは地方自治体においてもみられる。例えば、神奈川県は、「将来、積極的に政治参加する市民を育てる」ことを目指して、平成二二年以降、参議院選挙が行われるごとに、すべての県立高校で模擬投票を実施しているという。

社会に参加し、自ら考え、自ら判断する能動的市民を育てる主権者教育、そのようなことが本当にできるのであれば、それは結構なことであろう。高校で模擬投票をやるのもいいかもしれない。

しかしながら、一八歳以下の主権者教育をどうこう言う以前に、現在の日本の民主政治そのものを心配した方がよいのではないか。なにしろ日本の政治は、我々が「ブラック・デモクラシー」と呼ぶ最悪の政治病理によって侵され、今や、末期的な症状を呈しているのである。

それについては、本書において各論者が十分に明らかにしたと思うが、改めて、典型的な症例を一つ挙げておこう。

産経新聞のオンラインに「iRONNA」というサイトがある。「多角的な視野から日本・日本人にとって関心が高い問題に関する複数の分析、解説、意見を提供」していくのだそうだ。

その編集長を務める白岩賢太氏は、住民投票の直前に、次のように書いていた。

筆者は都構想を支持する。それは橋下氏の言う「二重行政の解消」とか、「大阪が東京のように発展する」とか、そんな甘い言葉を信じているからではない。いや、むしろ彼が発する「甘言」はすべて嘘だと思っている。

それでも、「東京には負けへんで！」という大阪人の心をくすぐる、彼の攻めの姿勢には賭けてみたい。

(http://ironna.jp/theme/250)

いくら、「複数の分析、解説、意見」の提供を標榜するサイトとは言え、嘘に賭けてみたいなどという意見まで出されると、唖然とするほかない。

警察庁が「振り込め詐欺には気を付けましょう」と熱心に啓発しているが、老人が「振り込め詐欺と分かっておるが、詐欺師の攻めの姿勢には賭けてみたいんじゃ」などと言い出したら、もはや誰にも救うことはできない。それと同じで、白岩氏には、いくら主権者教育を受けさせたところで無駄である。なぜなら、白岩氏が「嘘だが、それを支持する」という記事を公表したのは、彼が「社会に参加し、自ら考え、自ら判断」した結果だからだ。

しかし、これは白岩氏一人の思想信条の問題ではない。彼がこのような見解を記名のネット記事によって公表したということは、「嘘でもいいから、賭けてみよう」などという雰囲気が現代日本に蔓延しているからであろう。

そこで思い出すのは、丸山眞男の「大日本帝国の『実在』よりも戦後民主主義の『虚妄』の方に賭ける」という有名な台詞である。

大日本帝国よりも戦後民主主義の方がよいと言うだけなら、特段問題はないだろう。しかしながら看過できないのは、丸山が戦後民主主義を「虚妄」と知りながら、「虚妄」の方がよいと言っていることである。

戦後日本を代表する政治学者からして「『虚妄』の方に賭ける」というのだから、今さら「嘘だと思っているが、それに賭けてみたい」などと書くジャーナリストが現れたとしても、驚くには当たらない。

もっとも、トクヴィルに傾倒していた丸山は、民主政治というものが甚だ不完全で、容易に堕落し、そして危険ですらあることを十分に承知していたに違いない。「ブラック・デモクラシー」の存在も知っていたであろう。だからこそ丸山は、戦後民主主義を「虚妄」と言い切ることができたのである。

しかしながら、民主主義の虚妄を知ったうえで、我々がなすべきは、その虚妄に「賭ける」ことなどではない。虚妄を拒むことである。ブラック・デモクラシーに対して、最後まで抵抗することである。

したがって、主権者教育においても、ブラック・デモクラシーに抗することができる能動的市民の育成を目指すべきである。青少年に対して「民主政治というものには、危険な暗黒面が潜んでいる。だから、その取扱いには十分に注意せよ」ということをしっかりと教え込むのである。

本書は、大阪都構想を具体的事例としながら、ブラック・デモクラシーの危険性を分かりやすく解説した「民主政治の取扱説明書」である。おそらく主権者教育にとって、格好の副読本となり得るだろうと自負している。もちろん、一八歳以上の方々にも、ぜひ本書を手にとっていただきたい。そして、ブラック・デモクラシーの蔓延を少しでも食い止めて欲しいと切に願うものである。

犀の教室
Liberal Arts Lab

ブラック・デモクラシー
——民主主義の罠

2015年11月15日　初版

編　者　藤井聡
著　者　適菜収、中野剛志、薬師院仁志、湯浅誠
発行者　株式会社晶文社
東京都千代田区神田神保町1-11
電　話　03-3518-4940(代表)・4942(編集)
URL　http://www.shobunsha.co.jp

印刷・製本　中央精版印刷株式会社

© Satoshi FUJII, Osamu TEKINA, Takeshi NAKANO, Hitoshi YAKUSHIIN, Makoto YUASA 2015
ISBN978-4-7949-6821-0 Printed in Japan

JCOPY 〈(社) 出版者著作権管理機構 委託出版物〉
本書の無断複写は著作権法上での例外を除き禁じられています。複写される場合は、そのつど事前に、(社) 出版者著作権管理機構（TEL：03-3513-6969 FAX：03-3513-6979 e-mail: info@jcopy.or.jp）の許諾を得てください。

〈検印廃止〉落丁・乱丁本はお取替えいたします。

犀の教室
Liberal Arts Lab

生きるための教養を犀の歩みで届けます。
越境する知の成果を伝える
あたらしい教養の実験室「犀の教室」

街場の憂国論　内田樹
行き過ぎた市場原理主義、過酷な競争を生むグローバル化の波、改憲派の危険な動き…未曾有の国難に対しどう処すべきか？ 国を揺るがす危機への備え方。

パラレルな知性　鷲田清一
3.11で専門家に対する信頼は崩れた。その崩れた信頼の回復のためにいま求められているものはなにか？ 臨床哲学者が3.11以降追究した思索の集大成。

日本がアメリカに勝つ方法　倉本圭造
袋小路に入り込んだアメリカを尻目に、日本経済がどこまでも伸びていける反撃の秘策とは？ あたらしい経済思想書の誕生！

街場の憂国会議　内田樹 編
特定秘密保護法を成立させ、集団的自衛権の行使を主張し、民主制の根幹をゆるがす安倍政権は、日本をどうしようとしているのか？ 9名の論者による緊急論考集。

しなやかに心をつよくする音楽家の27の方法　伊東乾
常にプレッシャーのかかる現場で活動する音楽家の心をつよくする方法。ビジネスにも勉強にも応用が効く、自分を調える思考のレッスン！

築土構木の思想　藤井聡
日本には土木事業が足りない！　国土強靭化に日々尽力する著者が気鋭の論客たちと土木の復権について論じる、土木による日本再建論。

「踊り場」日本論　岡田憲治・小田嶋隆
右肩上がりの指向から「踊り場」的思考へ。日本でもっとも穏健なコラムニスト・小田嶋隆と、もっとも良心的な政治学者・岡田憲治の壮大な雑談。

日本の反知性主義　内田樹 編
政治家たちの暴言・暴走、ヘイトスピーチの蔓延、歴史の軽視・捏造……社会の根幹部分に食い入る「反知性主義」をめぐるラディカルな論考。

〈凡庸〉という悪魔　藤井聡
「思考停止」した「凡庸」な人々の増殖が、巨大な悪魔＝「全体主義」を生む。ハンナ・アーレントの全体主義論で読み解く現代日本の病理構造。

集団的自衛権はなぜ違憲なのか　木村草太
暴走する政権に対しては、武器としての憲法学を！ 80年代生まれの若き憲法学者による、安保法制に対する徹底批判の書！